厦门廉洁文化图录

厦门市纪委监委
厦门市文化和旅游局 编

厦门大学出版社
XIAMEN UNIVERSITY PRESS
国家一级出版社
全国百佳图书出版单位

图书在版编目(CIP)数据

厦门廉洁文化图录 / 厦门市纪委监委,厦门市文化和旅游局编. -- 厦门 :厦门大学出版社, 2023.11
ISBN 978-7-5615-9135-2

Ⅰ. ①厦… Ⅱ. ①厦… ②厦… Ⅲ. ①廉政建设-厦门-图集 Ⅳ. ①D630.9-64

中国版本图书馆CIP数据核字(2023)第188081号

责任编辑 王鹭鹏
美术编辑 张雨秋
技术编辑 朱 楷

出版发行 厦门大学出版社
社 址 厦门市软件园二期望海路 39 号
邮政编码 361008
总 机 0592-2181111 0592-2181406(传真)
营销中心 0592-2184458 0592-2181365
网 址 http://www.xmupress.com
邮 箱 xmup@xmupress.com
印 刷 厦门市明亮彩印有限公司

开本 889 mm×1 194 mm 1/32
印张 4.875
字数 100 千字
印数 1～5000 册
版次 2023 年 11 月第 1 版
印次 2023 年 11 月第 1 次印刷
定价 28.00 元

厦门大学出版社
微信二维码

厦门大学出版社
微博二维码

前言

一城春色半城花，万顷波涛拥海来。

1981年10月15日，湖里一声炮响，拉开了厦门经济特区建设的序幕。四十余年春华秋实，厦门已经从炮火连天的海防前线华丽转身为“高素质的创新创业之城”和“高颜值的生态花园之城”，成了许多人无限向往的美好家园。

厦门高素质、高颜值，廉洁文化深深根植于这座城市的文脉中，绵延悠长。

位于同安东溪西畔的孔庙，数百年来一直供奉着多位为世人所景仰的清官廉吏。孔庙的建造者是曾任同安县主簿的朱熹，修孔庙，建书院，朱熹在这里完成“逃禅归儒”的思想嬗变，践行了“社稷为民而立”的民本思想。在朱子传学的孔庙左侧，是古色古香的苏公祠，纪念的是宋代著名科学家、政治家苏颂，他官拜宰相，执掌大权，却始终两袖清风、生活节俭，住着“仅蔽风雨”的简陋住宅，他去世后得谥“正简”，也在出生地留下

“一代贤相”“正简流芳”的美誉。无独有偶，孔庙右侧的林公祠，纪念的是有“铁汉”之称的明代理学名宦林希元，“平生仕宦不言钱，清白贞正终如一”是林希元一生为官的准则，也是他留给林氏后人的诤诤训诫。

除了朱熹、苏颂、林希元，在鹭岛的历史波涛中还涌现出许獬、洪潮选、周起元等许多清廉典范，他们的精神被镌刻在“大厦之门”上，散落在星罗棋布的故居、遗址、公园之中，赋予厦门独特的文化印记和廉洁底蕴，潜移默化地滋润着一代又一代厦门人。

厦门高素质、高颜值，红色文化的传承铸就了这座英雄之城，浩气长存。

1926年2月，福建省第一个中共党支部诞生在厦门大学囊萤楼，厦门现代革命史由此翻开崭新的一页。20世纪20年代至30年代初期，厦门曾是福建省的革命指挥中心，中共福建省委机关就曾设在厦门，中共福建省第一次党代会在鼓浪屿召开。方毅、叶飞、彭德清、王海萍、许包野、谢景德、陶铸等无产阶级革命家在这里从事革命活动，他们用鲜血和生命换来民族解放和人民幸福，他们用一身正气、两袖清风谱写“党的事业重如山，个人名利淡如水”的历史华章，值得后人感悟、回味和传颂。

厦门破狱斗争旧址等遍布鹭岛的红色足迹铭刻着中共厦门地方组织领导厦门人民，为夺取中国革命的胜利英勇奋斗的光辉历程，默默激励着一代又一代厦门人。

兴廉洁之风，扬浩然正气。本书系统梳理展示散落在厦门各处的名人故居、革命遗址、纪念场馆、廉洁公园等场所的情况，深入挖掘其背后的鲜活故事，强化廉洁文化传承，厚植廉洁奉公的文化基础，营造以文化人、以文润德、以文养廉的浓郁氛围，让美丽厦门清风徐徐、廉韵悠扬。

目录

思明区

湖里区

集美区

海沧区

同安区

翔安区

思明区

扫码看 VR 展厅

厦门市党风廉政教育基地

地　　址：福建省厦门市思明区文兴西路6号

开放时间：正常工作日

联系电话：0592-2599990

为政不贪，头顶蓝天；为政不廉，利剑高悬。党风廉政教育是我们全面从严治党的基础性工程。

2015年10月，厦门市党风廉政教育基地在全面从严治党的背景下建成开放。监察体制改革后，为了适应形势的发展变化，厦门市纪委监委多次更新展陈内容。基地现设有“不忘初心”“高山景行”“利剑高悬”“砥砺奋进”四个展厅，通过重温反腐历程，传承先进文化，曝光身边案例，展示反腐举措，营造廉洁从政的良好氛围。

“不忘初心”展厅重温中国共产党的反腐历程；“高山景行”展厅展示从古至今勤廉楷模的先进事迹；“利剑高悬”展厅选取厦门市查处的典型案例集中曝光，以身边人、身边事强化警示震慑；“砥砺奋进”展厅展示厦门市落实全面从严治党的具体举措。

厦门市党风廉政教育基地曾先后获评福建首批廉洁文化示范基地、福建省省直机关主题党日活动基地、第三批福建省省直机关廉政教育点，是广大党员干部锤炼党性修养、强化廉洁意识的重要阵地。

【经典展示】

苏颂雕像及水运仪象台模型

廉政勤政堂堂正正，秉公为民清清白白。出生于厦门同安的大宋贤相苏颂就是这样的典范。

苏颂，我国北宋著名科学家、政治家。他官至宰相，但始终两袖清风。苏颂去世后被南宋理宗追谥“正简”，“正简流芳”的牌匾至今挂在同安苏氏祠堂里。《宋史·苏颂传》记载：苏颂任宰相时“赡给常苦不足”，为了节用，他常常用裁下的碎纸片写字。升任宰相之后，他的住宅依然简陋，乃至下属们都说，这样的“府第”实在与宰相的身份“极不相称”。苏颂不仅教育自己的子孙世代传承俭朴之风、廉洁之德，还把它推向大宋政坛，深刻影响着社会风尚。苏颂还是世界级的科技巨人，他创建的水运仪象台是世界上最早的天文钟。他也是药物学著作《本草图经》的编撰者。

“如坐针毡”造型椅

椅子的脚下，分别是印章、金元宝、高跟鞋，另一个脚悬

空，座位上满是冰冷的尖钉。这把椅子警示党员干部，行使公权时如果个人的私欲泛滥，作风奢靡腐化，当官必然“如坐针毡”，倾覆是迟早的事。防微杜渐，毋使小节成大恶；反腐倡廉，常将警钟鸣心头。

老铁路廉政法治文化长廊

地　　址：厦门市思明区和平码头—万石植物园东门—文屏路金榜公园

开放时间：全天开放

细雨润物悄无声，花落知多少。廉洁教育处处在，千溪汇大潮。

老铁路廉政法治文化长廊东起金榜公园，西至和平码头，全长4500米，是全国最长的廉政法治文化长廊公园。老铁路修建于新中国成立初期，是鹰厦铁路的延伸段。20世纪80年代，由于厦门交通发展，这条铁路闲置。2010年，厦门市委市政府将这条废弃已久的铁路改造成供市民娱乐休闲、健身的带状公园。2012年年初，厦门市纪委，思明区委区政府、纪委等单位负责充实公园文化，建成廉政法治文化长廊，打造成品味厦门、体验自然的城市新名片。

长廊以“思廉明志 · 清风鹭岛”为主题，由“竹之高节”“莲之高雅”“人生感悟”三个部分组成，整条长廊分为三段。第一段起于思明区政府，止于鸿山隧道入口，主题是“竹之高节”，主要景点有“思廉明志 · 清风鹭岛”组雕、正气清心浮雕墙、正气浩然主题雕塑、廉洁影像影雕、新二十四孝雕画。第二段起于万石植物园，止于文屏路，主题是“莲之高雅”，主要景点有廉政明信片、清廉如水（廉池）、人生驿站、创意天平雕塑小品、摩崖石刻。第三段是全长七百米的鸿山隧道，以“人生感悟”为主题，主要景点有“宝‘廉’灯”仿真红绿灯、创意三维立体画和雕塑小品。

老铁路廉政法治文化长廊的建成极大便利了市民接受廉洁文化，行走其中如穿梭于时光隧道，路边绿植荫庇、鲜花盛开，是游客喜爱的热门打卡点。沿途有创意雕塑、石刻、浮雕、创意画、明信片等石雕小品，巧妙植入清廉元素，让廉洁文化润物无声。

【经典展示】

“人生三道”组雕

人生三道——孝道、厚道、公道。

“孝道”主题组雕巧妙地用“穿越”场景展现温馨养育和成年反哺的场景。

“厚道”雕塑以三国时期竹林七贤中的嵇康为原型，背景墙以“鼎”为中心，诠释“一言九鼎”的君子厚德，弘扬重承诺、守信用的华夏精神。

“公道”组雕中两个玩跷跷板的稚童快乐嬉戏，跷跷板有起有落，形象地展现你来我往、公平有序的游戏规则；背景墙上，天平浮雕寓意持心如衡、以理为平，大小不一却井然有序的齿轮象征社会和谐稳定运行。

人生驿站

把整条铁路看成一段完整的人生，沿路设置的“童年站”“青年站”“中年路”“老年路”四个车站分别象征人生的四个阶段。四个站点分别用“春兰留香”“夏荷清廉”“秋菊高洁”“冬梅傲骨”四幅影雕，用四把不同的椅子，来展现人生“童年”“青年”“中年”“老年”四个不同阶段的特点，也为市民游客提供了栖息和思考的场所。

扫码看 VR 展厅

厦门市博物馆

地　　址：厦门市思明区体育路95号

开放时间：工作日9:00–17:30，周末及重要节假日9:00–20:00（提前半小时停止入馆，逢周一闭馆）

联系电话：0592–5371607、5371609、5371658

厦门市博物馆于1983年筹建，1988年正式对外开放，旧馆原址位于鼓浪屿上的八卦楼。2007年，厦门市博物馆新馆在文化艺术中心落成。如今的厦门市博物馆由厦门市博物馆主馆、郑成功纪念馆、厦门经济特区纪念馆、厦门市文化遗产保护中心、厦门破狱斗争旧址、陈公祠、陈胜元故居七个部分组成。

厦门市博物馆现有馆藏文物六万余件，其中以古代的陶瓷、书画、典籍与契约文书、石雕、玉器杂项为主，品类繁多，其中极具闽南地方特色的文物精品最大宗，最具代表性。厦门市博物馆主馆中的“厦门历史陈列”“闽台古石雕大观园”“馆藏文物精品陈列”“闽台民俗陈列”等基本陈列对外开放。厦门市博物馆先后获评国家二级博物馆、福建省爱国主义教育基地、厦门市社会科学普及教育基地。

馆藏文物背后的廉洁故事令人动容，也成为厦门这座城市温热的记忆。如见证陈化成清正廉洁、两袖清风的旧木箱，沈葆桢关于为官箴言的行书条幅等。

陈化成使用过的木箱

厦门市博物馆的历史展厅中陈列着一件看似十分普通的长方体旧木箱，这是民族英雄陈化成使用过的物件。陈化成（1776—1842），字业章，号莲峰，同安丙洲人。鸦片战争时，曾任福建水师提督、江南提督，在与英军的战斗中壮烈殉国。

1988年，同安丙洲陈氏后裔将这个木箱赠予厦门市博物馆收藏。

箱面上的红漆斑驳，四角磨损严重，多处有裂缝，两边的铁质手把和中间的锁扣都严重锈蚀。它既是书箱又是衣箱，曾随将军为官上任，辗转闽浙，侧面反映了将军清正廉洁、两袖清风的一生。

陈化成廉洁自律，生活简朴。任江南提督驻防吴淞口时，陈化成“宿帷幕，饭粃米，馔干鱼”，与普通士兵无异。陈化成在军中有个外号叫“陈老佛”，他从不搞特殊化，与将士同饮共食，风餐宿帐。他不收受地方官员馈赠的礼物，也明令禁止部下收取百姓的一针一线。

近代沈葆桢纸本行书条幅

厦门市博物馆珍藏有沈葆桢的一幅行书条幅，泥金红笺纸上写着："以林皋安乐懒散心做官，未有不荒怠者；以在家治生营产心做官，未有不贪鄙者。"落款"古塘五兄大人属　幼丹沈葆桢"。

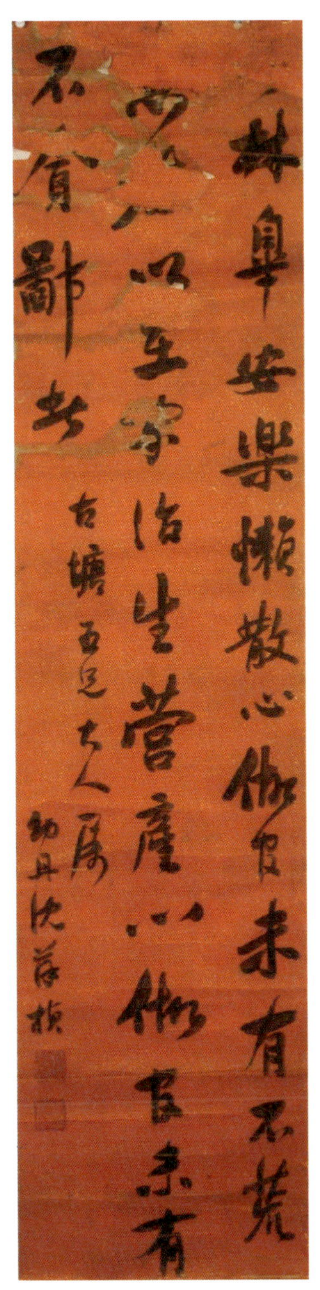

这件书法条幅上的内容取自清代金兰生编述的《格言联璧·从政篇》，意思是说：为官之人，一旦有了安乐懒散之心，政务必定荒怠；一旦将当官作为捞取资本的途径，必定会以权谋私。这是沈葆桢一生为官清廉，一心为民的真实写照。

沈葆桢（1820—1879），字幼丹，又字翰宇，福建侯官（今福州）人。晚清时的政治家、军事家、外交家、民族英雄，中国近代造船、航运、海军建设事业的奠基人之一。沈葆桢是清朝抵抗侵略的封疆大吏林则徐的女婿。其一生为官刚正清廉，虽身居高位，却一生清贫，沈葆桢死后，代理布政使桂嵩庆为其处理完后事驰奏朝廷："殁日，布被旧衣，一如寒素，宦囊萧索，不名一钱。"

厦门总工会旧址

地　　址：厦门市思明区大同路土堆巷68号
开放时间：9:00—17:00（提前半小时停止入馆，逢周一、周日闭馆）
联系电话：0592-2129366

忠魂不泯，一腔热血化春雨；大义凛然，千秋壮志泣鬼神。

厦门早期工人运动的领导者、革命者，为革命奉献一切，乃至生命，这种境界和追求，是我们当代共产党人心中的清风明月，是我们廉洁从政的精神动力。对照这些革命者，我们更加清晰地认识自己，认识人生，认识初心，认识使命。

厦门总工会旧址位于思明区大同路土堆巷68号，1927年1月24日，共产党员罗扬才、杨世宁等人在此成立厦门总工会，这里也是中共厦门市委领导厦门工人运动的机关所在地。厦门总工会的成立，有力地推动了闽南地区革命运动的发展，引领厦门工人开展声势浩大的反帝反封建斗争，掀开厦门工人运动史新的篇章。

厦门总工会旧址纪念馆展厅共三层楼，一楼是“不息的火炬——厦门工人运动历史展”，二楼是“改革开放四十年——厦门工会成果展”，三楼复原陈列罗扬才、杨世宁烈士工作和生活的场景。

1961年5月，厦门总工会旧址成为福建省第一批省级文物保护单位。它不仅是福建省现存的反映大革命时期福建工人运动的唯一建筑，也是全国现存四个总工会旧址之一，它见证了厦门工人运动的辉煌历史，也见证了工人阶级与中国共产党的血肉相连、休戚与共。如今，厦门总工会旧址是福建党史学习教育基地、厦门市爱国主义教育基地、厦门市中小学生社会实践基地、工人运动红色教育基地、厦门市首批市级新时代文明实践基地。

【经典展示】

罗扬才工作生活场景

厦门总工会成立大会是在晚上召开的，会场设在二楼中厅。场地正中摆着一张桌子，上面罩着红布。墙壁上挂着基层工会、社会团体送来的“劳工神圣”横匾。因电力不足，现场光线微弱，工友们便点燃事先准备的蜡烛，会场顿时明亮起来，大家一片欢呼。

参加大会的200多名代表，分别来自厦门的23个基层工会。大会由时任中共厦门市委宣传部部长吴世华主持，时任中共厦门市委组织部部长罗扬才和工运委员杨世宁先后讲话，着重阐明了组织工会的重要性：“不组织工会，就没有力量，就会受人欺，要解放只有靠自己！”大会通过总工会章程，选出30多名总工会委员，选举罗扬才为委员长、杨世宁为副委员长，同时，组建直属总工会指挥的武装力量工人纠察队。大会在“劳工神圣”的口号声中胜利结束。

总工会成立之初，办公条件十分简陋，只有公章一枚、手摇电话机一部、油印机一台。公章用来签发文件，电话机用来对外联系，油印机用来印刷刊物唤醒工友。总工会工作人员收入微薄，脱产干部的工资每个月只有8~10元，但是大家并不计较，都积极热情、全身心地投入工作。厦门总工会的成立，标志着在中共厦门市委的领导下，厦门的工人阶级已经广泛地组织起来，成为一支强大的革命力量。

厦门市革命烈士纪念碑及烈士陵园

地　　址：厦门市思明区虎园路1号
开放时间：全天开放

厦门是一片红色的土地，一批又一批英雄儿女为民族独立、人民幸福抛头颅，洒热血。他们坚如磐石的理想信念，百折不挠的顽强意志，清正廉洁的政治本色，是宝贵财富。

厦门烈士陵园始建于1953年12月，于1954年10月17日厦门解放五周年纪念日落成。陵园坐东朝西，总占地面积两万多平方米，由革命烈士纪念碑、烈士陵墓、浮雕长廊、“永志铭心”群雕、安业民烈士墓、叶飞将军纪念园等纪念性建筑组成。

革命烈士纪念碑由花岗岩台基、碑座及碑身三部分组成，通高24米，碑身正背两面均镌刻五角星及陈毅元帅手书“先烈雄风永镇海疆”八个鎏金大字。纪念碑造型雄伟壮观，象征革命先烈顶天立地的英雄气概。

烈士陵墓位于纪念碑正后方，陵墓呈圆形，花岗岩砌筑，墓高2.3米，周长31米。陵墓内安放着厦门解放前夕为革命捐躯的中共党员，在解放厦门战役中牺牲的解放军指战员、渡海船工，社会主义建设时期因公献身的烈士（共计1063人）的遗骸或骨灰。

纪念碑和陵园先后被认定为全国重点烈士纪念建筑物保护单位、全国爱国主义教育基地、福建省党史学习教育基地。

“光辉永驻”浮雕长廊

为了告慰先烈，教育后人，厦门市人民政府于2008年清明建成厦门革命烈士事迹浮雕长廊“光辉永驻”。

浮雕长廊长49.1017米，寓意纪念厦门于1949年10月17日解放。浮雕长廊由囊萤之光、罢工怒潮、破狱惊雷、万众一心、钢铁一群、民主堡垒、黎明曙光、浴血鹭岛八个部分组成，展现了1926年2月福建省第一个党支部建立至1949年10月厦门解放各个历史时期革命先烈英勇斗争的主要事迹。

"永志铭心"雕塑群

2009年10月17日，在新中国成立暨厦门解放六十周年之际，中共厦门市委、厦门市人民政府特地竖立大型铸铜群雕"永志铭心"，以纪念解放厦门战役的伟大胜利，缅怀英勇奋战和壮烈牺牲的人民英雄。

群雕中，一位女船工奋力撑船的画面特别引人瞩目，这位女船工就是张水锦。1949年10月15日晚，解放厦门岛、鼓浪屿的渡海战役总攻命令下达，船管大队渡海船只满载解放军战士从嵩屿、集美、浮宫三个地点悄悄向厦门岛疾进。张水锦一家五口人所在的第一中队，作为攻打鼓浪屿的第一梯队，运载着31军91师271团战士先行渡海，向鼓浪屿上的内厝澳、牛皮垵前进。

当时，正值退潮，海面又刮起七级东北风，渔船逆风而行，登陆作战格外艰难。但张水锦一家驾驶的船只克服种种困难，一直冲锋在最前头。在距离鼓浪屿敌军阵地前沿不过百米时，渡海船只被敌人发现，敌我双方猛烈交火，子弹像雨点般射到船上，天空又有敌机扫射，扔炸弹、燃烧弹，鲜血染红整个水面，但张水锦仍带领渡海先头船队勇猛前进，拼命地向岸边靠过去。

一颗炮弹在张水锦的船边爆炸，丈夫黄进川、三子黄天足中弹倒下，张水锦也负了伤。眼见船桨触底，身负重伤的张水锦顾不得上前去扶他们，毅然接过舵把继续前进，拼尽力气大喊："冲上去！冲上去！"这时，又一枚炮弹击中渔船，船瞬间被炸毁。紧接着，长子黄驴和次子黄富足驾驶的船也被炮弹击中，张水锦一家五口人连同船上的战士全部壮烈牺牲。

张水锦烈士一家五口人为国捐躯，用鲜血和生命谱写了"一门忠烈血洒鹭江"的英雄赞歌。中国人民解放军第31军司令部、政治部授予张水锦"支前特等功臣"称号，在她的"厦门战役船工功劳证"上写道："此次攻厦战役，其热心支前，勇敢积极的精神为国人所钦佩。"岁月流逝，初心如磐。张水锦的红色基因在其后人中代代传承。无论是孙子黄亚国还是外孙欧阳龙兴，他们都从祖辈的红色革命事迹中汲取精神力量，用实际行动坚守初心和使命，很好地诠释红色家庭的责任和担当。

叶飞将军纪念园

开国上将叶飞出生于菲律宾的华侨家庭。1926年，十二岁的叶飞来到厦门，先后就读于中山中学（现已不存）和省立第十三中学（现福建省厦门第一中学）。在厦门，叶飞接触、了解并信仰马克思主义，从此走上革命道路。1949年10月，叶飞率部解放厦门。解放后，叶飞领导了厦门海堤和鹰厦铁路等建设，有力推动了厦门的发展。1999年，叶飞将军逝世。2000年，他的骨灰被安放在厦门烈士陵园，永远留在厦门。

无论革命战争年代、艰苦创业岁月，还是改革开放时期，叶飞始终忠诚于党和人民，始终保持共产党人清廉奉公、艰苦朴素的政治本色。其子女回忆，父母从不搞特殊化，每当发放布票、粮票，父母始终坚持跟大家一样，“别人是多少，我们就是多少。父母从来没想过用他们的权力多拿一些”。1994年年初，某媒体请叶飞去深圳参加某公司奠基典礼，说用于剪彩的金剪刀价值五万元，剪了彩即送给首长。他坚决回绝：“就是五十万元我也不去!”叶飞还抄录毛泽东赞扬好八连诗中的“拒腐蚀，永不沾”送给说客，因此得雅号“拒腐蚀将军”。

父之爱子，教以义方。除了自身作风清廉，叶飞还严格要求家人子女“不搞特殊化”。他时常教育子女不可仗着父势为自己谋求私利，更不可做有损国家形象和人民利益之事。其子女回忆：“父亲总说，国家给我的待遇，那是工作需要和我对革命的贡献，你们不要享受。”其中印象最深刻的是叶飞立下的铁规——不可以利用父辈的关系。改革开放后，社会上出现“出国留学潮”“下海经商风”“与海外拉关系热”。考虑到自己分管侨务工作的实际情况和在侨界的影响，叶飞特意召开家庭会议，和子女“约法三章”：第一，立足国内成才，不一定都要到海外求学；第二，不得利用父母的关系下海经商谋利；第三，不准因为私利与华侨、外籍华人拉关系。

华侨博物院

地　　址：厦门市思明区思明南路493号

开放时间：09:00–18:00（提前半小时停止入馆，周一、法定节假日闭馆）

联系电话：0592–2084028、2085345

华侨博物院由著名爱国华侨领袖陈嘉庚先生于1956年倡办，1959年落成开放，既是我国第一座由华侨集资兴建，全面系统收集、研究、展示华侨华人历史的博物馆，也是可提供古代文物展、自然标本展的综合性博物馆。

全院馆藏文物6000多件，包括历代青铜器、陶瓷器、古钱币、古字画、古代雕刻工艺品、外国陶瓷玻璃器皿，还有一批珍贵的鸟类、兽类、鱼类、矿物标本，其中陶瓷器有9件国家一级文物，有14件字画被收入《中国古代书画目录》。现有“华侨华人”“陈嘉庚珍藏文物展”“自然馆”三个基本陈列常年对外免费开放。

华侨博物院先后被认定为全国、省、市和全国侨联爱国主义教育基地，全国、省、市社会科学普及基地，厦门市国防教育基地，厦门市科普教育基地。

【经典展示】

清左宗棠行书七言联轴

华侨博物院珍藏有一副左宗棠行书七言联轴“清慎勤居官要法，经史子学古全功”，落款“湘阴左宗棠”。

左宗棠（1812—1885），字季高，一字朴存，号湘上农人，湖南湘阴人。晚清政治家、军事家、民族英雄。曾率军平定陕甘战乱，收复新疆，积极推动洋务运动。左宗棠官至闽浙总督、陕甘总督、两江总督、东阁大学士、军机大臣，与曾国藩、李鸿章、张之洞并称“晚清中兴四大名臣”。

左宗棠一生都过着苦行僧一样的生活，就算成为督抚，依然保持着“非宴客不用海菜，穷冬犹衣缊袍”的作风。古人训子弟以“嚼得菜根，百事可作”，他就要求家人更进一步，把菜根米糠视为山珍海味。六十岁生日前，他特意提前写信叮嘱家人不得宴客开筵，对前来道贺的亲朋好友，一律以寻常酒席招待，更不准主动宴请。发妻周氏去世，左宗棠叮嘱子女勤俭处

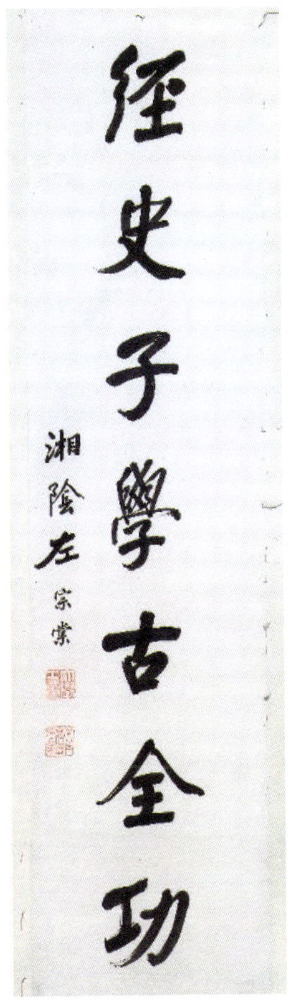

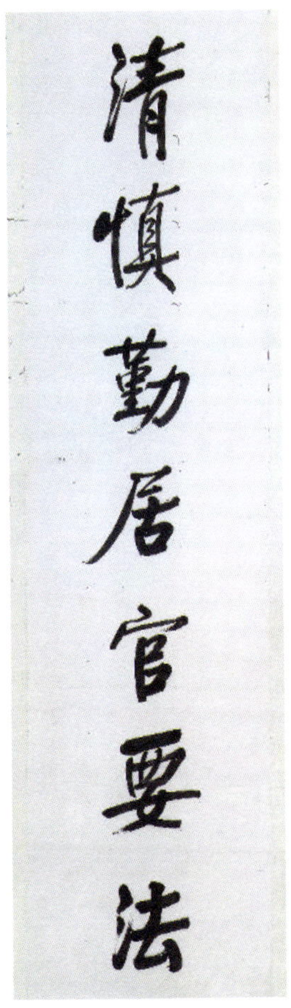

理丧事，“所不当用，即一文不用”。他教育家人，以俭约为荣，以铺张为耻。左宗棠不主张子女回湘阴老家置业，说：“吾自少至壮，见亲友做官回乡便有富贵气，致子孙无甚长进，心不谓然，此非所以爱子孙也。”次子孝宽修缮旧屋，也遭他痛骂：“贫寒家儿忽染脑满肠肥习气，令人笑骂，惹我恼恨。”

在“三年清知府，十万雪花银”的清朝末期，自律自省的左宗棠无疑是一股清流。他立志匡国济民，将勤俭、清廉、戒贪等廉洁思想贯穿于修身、齐家和理政中，成就了事业与功名，对当今反腐倡廉也有重要的借鉴意义。

扫码看 VR 展厅

厦门破狱斗争旧址

地　　址：厦门市思明区思明南路451号

开放时间：9:00—17:00（提前半小时停止入馆，逢周一、除夕闭馆）

联系电话：0592-2096086

厦门破狱斗争旧址，原为厦防同知署监狱，用于关押、监禁从台湾押解到厦门的罪犯，始建于清乾隆三十年（1765年），1912年改称思明县监狱。1930年，震惊中外的“五二五破狱斗争”就发生在这里，中共福建省委成立的破狱委员会从思明监狱里成功营救出四十多位被国民党统治者关押的革命同志，沉重打击了敌人的嚣张气焰，唤起了处于革命低潮期人民群众的革命热情。这是一次在党的正确方针指导下，以武装的革命对待武装的反革命的正确行动，堪称中国共产党武装斗争的经典。

破狱斗争旧址现占地面积约831平方米，建筑面积256平方米。现存监舍分3幢，共有监舍24间。目前旧址内设有三个展览部分——破狱斗争展室、刑具（复制）展区以及监狱实景区。其中破狱斗争展室主要借助图片资料、模型、实物等载体系统介绍“五二五破狱斗争”的整个过程；刑具（复制）展区和监狱实景区采取实景再现和场景模拟等更为直观的方式，让参观者更加深刻地感受当年那场斗争。

1982年，厦门破狱斗争旧址被认定为市级文物保护单位；1985年，被认定为省级文物保护单位；2006年，被认定为全国重点文物保护单位。

小城春秋

在这里发生的“五二五破狱斗争”是著名作家高云览的小

说《小城春秋》的故事原型。1956年12月，著名作家高云览创作出长篇小说《小城春秋》，以1930年厦门“五二五破狱斗争”为历史素材，描写了中共地下党领导的反对国民党反动统治的革命斗争故事。1981年，该小说被拍摄成电影，被评为中国电影九十年十大名片之一，中宣部将其认定为“百部爱国主义教育电影”之一。

《小城春秋》反映了中共地下党和革命同志为国家和民族英勇献身、无怨无悔的事迹，英雄赞歌，浩气长存。

把你手中的红旗交给我，同志，
如果昨天别人把他交给你。
今天，你挺着胸脯走向刑场，
明天，我要带它一起上战地。
让不倒的红旗像你不屈的雄姿，
永远鼓舞我们前进，走向胜利！

——摘自《小城春秋》

刑房与牢房场景

旧址内狭小的审讯室刑房中陈列着复制的木手铐、老虎凳、木马椅等刑具，监狱实景区展示当时牢房的真实布局，令参观者身临其境地感受被捕入狱的革命同志所处的严苛境遇。

从1930年春天开始，40多位闽西、闽南等地参加武装斗争的中共地下党员和革命同志，在战斗中被俘的红军指战员及部分家属陆续被关押进思明监狱。当时，关押政治犯的牢房条件非常差，连床铺都没有，只能在地上铺稻草，席地而卧。人多拥挤，睡觉时连翻身都困难。这里靠近山边，蚊子非常多，被关押的同志整日在痛苦中煎熬。

牢房严重超员，加之敌人用残酷刑讯拷问，狱中同志受尽折磨和迫害，同时又有消息说敌人要将这些同志押解到福州，他们的生命受到更大威胁。在千钧一发的危急关头，中共福建省委成立“破狱特别行动委员会”，组建了“特务队”和“接应队”，与狱中的党团组织成员密切联系，根据斗争形势的需要，开展武装营救，最终救出狱中的同志40多人。

中共福建省委机关旧址

地　　址：厦门市思明区鼓浪屿虎巷8号
开放时间：上午8:30–12:00，下午13:30–17:30
（逢周一闭馆）
联系电话：0592–2083723

鼓浪屿虎巷8号是中共福建省委指挥早期全省革命斗争的指挥部，这个革命旧址见证了中共福建省委早期领导者惊心动魄的革命斗争。烈士们生前希望看到的新中国新社会新天地，已经成为现实。今天，鼓浪屿虎巷8号已载入厦门史册，将继续见证后来者继承革命先烈遗志，为国家为人民奉献力量的努力。

鼓浪屿虎巷8号始建于20世纪20年代，是一栋两层的砖木结构清水红砖小楼。1930年8月至1931年3月，这里曾经是中共福建省委机关所在地，也是福建革命斗争的指挥部。作为中共福建地区革命活动的见证地，有重要的历史意义。

2020年，鼓浪屿管委会对虎巷8号进行保护修缮。该馆建筑面积308平方米，展馆分为序厅、中共福建省第一次代表大会厅、中共福建省第二次代表大会厅、虎巷8号特别呈现厅、血色浪漫厅、致敬英烈厅及综合展示厅等七个部分，集中展示新民主主义革命时期中国共产党在鼓浪屿的革命实践。

中共福建省委机关旧址被认定为福建省第一批革命文物保护单位，福建省第八批省级文物保护单位，福建省第三批党史学习教育参观学习点，厦门市党史学习教育第二批参观学习点。

暗号门环

在虎巷8号红色教育主题馆的特别呈现区里，有一对门环复制件，原件保存于厦门市博物馆。这对门环原安装于大门上，是当年中共福建省委机关地下党的联络工具，有暗号、警号等多种功能。一次次门环扣响，一次次情报传递，都在串联着全省的革命斗争。

虎巷8号的旧址原为华侨私人住宅。1930年8月，中共福建省委以私人名义租用此楼，当年在此工作过的有罗明和夫人谢小梅，王海萍和夫人梁惠贞两对夫妇，杨适、李国珍、谢景德，还有高大安、梁云屏、郭香玉等工作人员。机关工作人员以经商为名，对外称一家人，大家各司其职，冒着生命危险完成党交给他们的任务。

1931年3月25日，虎巷8号遭国民党当局破坏，杨适、李国珍、梁惠贞、“佣人”郭香玉、工作人员梁云屏和高大安等被捕。被捕的同志被关押在中山公园西边的公安局拘留所，由当时的厦门海军警备司令部军法处审讯。面对敌人的严刑拷打，这些同志个个坚贞不屈，视死如归。杨适被捕后不久就被押送南京，慷慨就义于南京雨花台；李国珍、梁惠贞及先后被捕的郑裕德、林树根，于5月1日在厦门禾山刘厝村英勇就义。

梁惠贞一家三口把宝贵的生命都献给厦门的解放事业。就义时，梁惠贞面对手中持枪的刽子手说："我为信仰而牺牲，是如愿以偿了！"接着，她解下自己身上唯一值钱的手表，扔向刽子手："我已经怀孕，你们不要打我的肚子，对着我的脑袋开枪吧！"罪恶的枪声响起，梁惠贞带着腹中的孩子英勇就义。她的丈夫王海萍化悲痛为力量，以更高的革命热情，投身火热的革命斗争中，不久后也被捕，为厦门的解放献出年轻的生命。

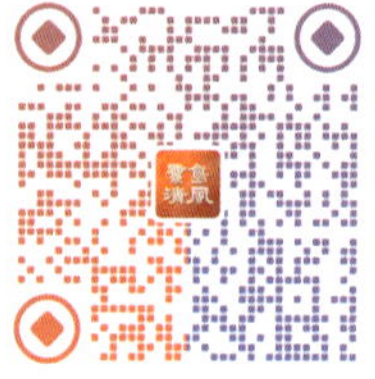

扫码看 VR 展厅

陈公祠

地　　址：厦门市思明区公园西路15号
开放时间：9:00—17:00（逢周一、除夕闭馆）
联系电话：0592-2120332

陈化成是中国近代史上与林则徐、关天培、葛云飞齐名的民族英雄，金戈铁马征战一生，其生也荣，壮烈殉国宁死不屈，其逝也哀。光阴倥偬，陈化成的故事却从未被尘烟湮没，而是永垂青史，光照汗青。

陈公祠为纪念、凭吊民族英雄陈化成而建。清道光二十二年（1842年），时任江南提督的陈化成在上海吴淞炮台抗英阵亡，道光帝诏令在其殉难地上海和原籍地厦门建昭忠祠。清道光三十年（1850年），陈公祠由福建水师参将陈胜元及厦门绅商捐资建成。在此后百年岁月中，该祠堂曾被著名诗人王金波借用去办私塾，抗战前成为全民学校，而后又改成园南小学。后由厦门市博物馆正式接管，开放为公众参观的专题陈列馆。

陈化成（1776—1842），字业章，号莲峰，同安丙洲人。行伍出身，历任守备、参将、总兵、提督等职。清道光十年（1830年），升任福建水师提督，驻节厦门。驻厦十年期间，陈化成廉洁奉公，捕盗平乱，查禁鸦片，严饬海防，功绩昭彰。清道光二十年（1840年），陈化成调任江南提督。清道光二十一年（1841年），英国舰队攻陷厦门。家乡沦陷噩耗频传，僚属都为陈化成家眷担心，陈化成仰天长叹："毁家不足忧，特恨未能速剿英夷耳！"他为国忘家、赤胆忠心，深深地感动并鼓舞着全体将士。清道光二十二年（1842年），英国侵略军出动所有舰船，疯狂地向吴淞口发动炮击。大战在即，陈化成对官兵们说："我今日极力用兵，以死报国恩，汝等幸助我全忠节焉！"说罢，昂首走出军帐，擎起一面旗帜，登上火炮阵地。陈化成带领亲兵数十人，坚定守卫孤立无援的西炮台阵地，燃放数千发炮火，重创英国侵略者的舰队。但自身伤亡惨重，弹药补给不足，陈化成多处中弹，最后率领将士与蜂拥而至的英军展开白刃战，战斗到最后一息，壮烈殉国。陈化成牺牲后十余日，嘉定县令才找到他的遗体，从遗体中取出数十块弹片后方才入殓。是年农历九月，英雄移灵奉安于厦门梧村金榜山麓。

陈化成一生廉洁简朴，克己奉公。有一次他过生日，部将制了一面金字旗作为寿礼，他很生气，立即下令将金字旗撕裂。他巡阅台湾时，虽然带了很多将士，但一概不接受各地文武官员的“馈送”，受到百姓们的爱戴。陈化成为官廉洁，军纪严明，生活俭朴，吴淞一带百姓纷纷由衷感慨：“官兵都吸民膏髓，陈公但饮吴淞水。”

祠堂建筑占地面积188平方米，正厅目前在展陈列包括“生于丙洲”“驻节厦门”“鸦片输入”“鸦片成灾”“查禁鸦片”“虎门销烟”“战争爆发”“壮烈殉国”“浩气长存”，通过丰富的图片资料和文字说明，辅以铜铸火炮、后人对陈化成的生平记述、祭词作品等实物，展示陈化成的生平和抗英事迹。正厅内原设陈化成禄位牌，后收藏于厦门市博物馆，牌上阴刻楷书“诰授建威将军钦命江南福建全省水师提督军门赐谥忠愍讳化成陈公禄位”。陈化成祠是福建省国防教育基地、厦门市第一批市级文物保护单位、市级爱国主义教育基地。

【经典展示】

悼念陈化成诗文汇编《表忠录》

陈化成史迹陈列室的展柜内展示了由江、浙、闽、粤绅商各界为悼念陈化成而作的诗文汇编《表忠录》。

陈化成一生波澜壮阔，他出身水兵行伍，因屡次立功而一路擢升。道光十年（1830年），这位阔别家乡三十多年的游子回到故里，担任福建水师提督，坐镇厦门。驻厦十年间，陈化成严饬海防，恪尽职守，多次击退来犯的海贼，多次打击窜入闽洋贩毒的英国船只，缉拿、驱逐意图驶入内港、企图开展侦查活动的外国侵略者。除此之外，陈化成对家乡的文化建设也不遗余力，他捐俸兴修玉屏书院，捐俸修辑《厦门志》，还亲自撰写序言。

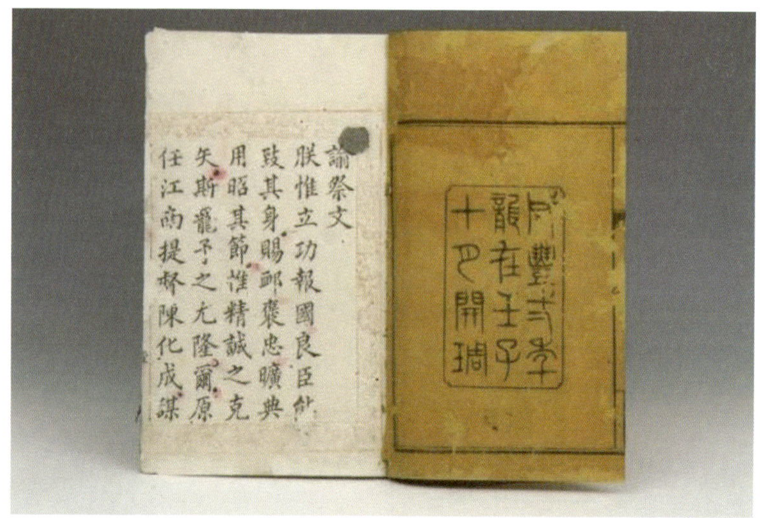

諭祭文
朕惟立功報國良臣能
致其身賜䘏褒忠曠典
用昭其節惟精誠之克
矢斯寵予之尤隆爾原
任江南提督陳化成謀

陈化成殉国，其英勇事迹震惊清廷，道光皇帝悲恸不已，为表彰陈化成的忠勇，道光皇帝先后诰封陈化成为振威将军、建威将军，诏谥“忠愍”。陈化成的事迹感动了很多人，他的灵柩运回厦门安葬，江南百姓纷纷纪念，哭者无数。时人以及后世写下很多关于悼念陈化成事迹的诗文，祠堂天井的墙上还刻有道光皇帝御制的祭词以及今人撰写的挽词悲歌。

扫码看 VR 展厅

江夏堂

地　　址：厦门市思明区中华街道钱炉灰埕2号

开放时间：上午8:00—12:00，下午15:00—18:00（夏令时），14:30—17:30（冬令时）（逢周末闭馆）

联系电话：0592-2027750

江夏，是大部分海内外黄姓华人公认的总郡望和发祥地，故有“天下黄姓出江夏，万派朝宗江夏黄”之说。厦门江夏堂系黄氏大宗祠的祭祖堂。黄氏先贤，千百年来保持严家规、传家风的优良传统。

厦门江夏堂是清末武状元黄培松于宣统二年（1910年）奉旨建造的宗祠，现存祭祖堂和江夏堂文物保护站两栋建筑。江夏堂祖祠全部采用传统榫卯组合结构。青石雕须弥座的祖龛底座旁有签筒和戒尺，其上刻有《黄氏家规》里的家规家训和处世守则，以明规矩，正言行，扬正气。祖祠外墙上悬挂着十二幅连环画，以活泼的图文形式，记载武状元黄培松的主要生平事迹，展现其忠于职守、尊长重孝、勤政爱乡的优秀品质。

江夏堂家规家训馆包括黄氏家风和儒学立身两个单元。黄氏家风版块展示了《黄氏族训二十四要》《黄氏族训二十四勿》等黄氏家风家训，成为家族成员为人处世、从政经商、教育后代的范本。儒学立身版块展示黄氏家族先贤的风采，敦促黄氏子孙将家规家训的优良传统发扬光大。

历代黄氏族人靠忠厚与耕读传家继世。黄培松高中状元之后回到祖地，发现族亲用红毛毡铺到村口迎接，他下马躬身卷起毛毡，恳求乡亲收好，步行走进祖祠。黄培松清廉为政，家当钱财不足以完成厦门江夏堂宗祠的修建，后来得到台湾地区乃至海外等多地宗亲的解囊支持，历时八年才竣工。

黄培松身体力行践行黄氏家训中“忠孝廉耻勇”这五个字，用清廉家风影响后人。在广西、海南各地任职期间，黄培松协助地方兴修水利，改造农田；在福厦两地，他忠于职守，勤政廉洁，刚正不阿，深得当地乡民的赞誉。

【经典展示】

状元名录及状元广场赋

祠堂外的状元广场上登载着江夏黄氏历代状元名录，一旁的“状元广场赋”展示着《黄氏家规》里“守法纪”等优秀家风家规，告诫后人从政当官要把加强道德修养作为重要的人生必修课，只有“德才兼备”才能真正为老百姓办实事、办好事。

湖里区

神山党员综合教育基地

地　　址：厦门市湖里区殿前社

开放时间：09:00—12:00，15:00—17:30（逢周末闭馆）

联系电话：0592—5666636

神山是解放厦门岛战役西线登陆的目标之一，解放厦门时，先后有九名战士为将国旗插上神山山顶而牺牲，留下“人倒了也不叫国旗倒下”的宝贵精神财富。1949年10月24日，《人民日报》以“把新中国国旗插上厦门岛”为题，在头版详细作了报道，革命先烈用初心使命铸就出的红色精神，是党员干部学习教育的鲜活教材。

神山党员综合教育基地位于湖里区殿前街道神山社区和高殿社区，在重新修缮后于2022年12月21日正式开馆，此时正是习近平总书记致厦门经济特区建设四十周年贺信一周年之际。现基地内共有“雄风长在旗更红——解放厦门神山战斗”展陈馆和“神山学习基地”两座展馆，还有红色山体公园、战时碉堡、初心广场和红旗广场等室外阵地。

【经典展示】

渡海解放厦门雕塑群像

天风海涛、英雄长眠。红旗飘扬，如日月同辉。1949年10月，解放军分别从东线、北线、西线强攻厦门岛。高崎西侧的神山是解放军西线登陆的目标之一，255团1营教导员蒋永昌所在的突击营负责攻打神山。战前，他从团政委手中接过新制作的五星红旗，发出气吞山河的誓言：“人倒了也不叫国旗倒下！”15日晚，八名烈士倒在枪林弹雨中，直至第九名战士才成功将被鲜血染红的国旗插在神山山顶。10月17日，厦门正式解放。

当年的战火和硝烟早已远去，激昂的呐喊和高高飘扬的红旗，似乎仍在耳边、眼前，始终不曾被雨打风吹去。七十多年过去了，我们依稀看到高举鲜艳红旗的战士，向着厦门岛冲锋！前进！哪怕倒在海滩上，流尽最后一滴血，也保持着义无反顾、勇往直前的姿势。

《人民日报》头版报道厦门解放

1949年10月，《人民日报》对解放厦门的战斗进行十多天跟踪报道，在10月24日第一时间，以“把新中国国旗插上厦门岛”为题在头版传递捷报，这在其他战役中罕见。报道中这样写道：

十五日夜，突击队的船只像箭一样驶向厦门岛，“七一功臣连”三班的战士们特别用力地划着船向前急驶，但船在离敌阵地不远处的沙滩上搁浅了。敌人的机枪疯狂地扫射着。突击队的勇士们，冒着炮火，迅速地跳下船，在淤泥地里连爬带滚

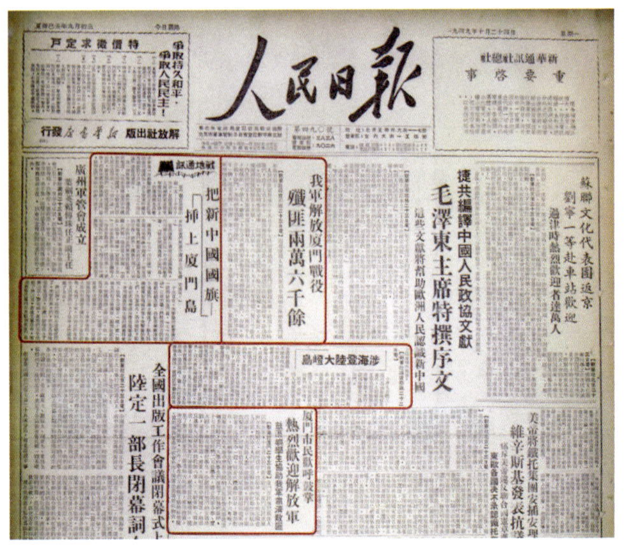
人民日報

新華通訊社總社
重要啓事

爭取持久和平，爭取人民民主！

我軍解放廈門戰役
殲匪兩萬六千餘

把新中國國旗
插上廈門島

廣州軍管會成立

捷共編譯中國人民政協文獻
毛澤東主席特撰序文

蘇聯文化代表團返京
劉寧一等赴車站歡迎

涉海登陸大嶝島

全國出版工作會議閉幕式上
陸定一部長閉幕詞

廈門市民歡呼鼓掌
熱烈歡迎解放軍

地冲过去。身背国旗的战士张林国冲得更快，他和全班战士一样，被一个伟大的信念鼓舞着：“冲到最前面去，把国旗插上神山顶！”他一边高呼着向前迈进，一边还十分注意着不使国旗沾上污泥。当他冲到离陆地还有二十多米远时，敌人的四颗机枪子弹打中他的前胸，他倒了下来，但同班的朱洪生又迅速取下他身上的国旗冲了上去。

神山脚下激烈的战斗打响了。突击的勇士们，奋力英勇地追杀着残匪，猛虎一般地扑上神山顶。黎明前，英雄们完全攻占了神山顶。在晨光熹微中，那面鲜艳壮丽的五星红旗在厦门岛上迎风地飘扬。

江头公园“清风浴德”廉政文化苑

地　　址：厦门市湖里区江头西路江头公园西门

开放时间：全天开放

位于厦门湖里区的江头街道，据说是古代篔筜港的尽头。至清末，随着街市的兴起，这里逐渐成为厦门的物资集散地、商贸和手工业中心。这片土地既经历了对外交流开放的经济变革，亦积淀着丰厚的历史文化底蕴，涌现出明代闽南名宦池浴德等清廉人物。

池浴德（1539—1617），字仕爵，人称明洲先生，出生在现今厦门市湖里区江头一带。明嘉靖四十四年（1565年）进士。池浴德一生恪守“矢心天日，不负苍生”的理念，历任遂昌县令、南京吏部考功司主事、史部稽勋司主事、考功司员外郎、考功司郎中，太常寺少卿等职。他一生秉公行事、勤政清廉。

走进江头公园，首先映入眼帘的是“清风浴德”四个大字。这四个大字不仅寓意沐浴清廉之风，涵养高尚品德，还寄托着对池浴德的深沉缅怀。

江头公园“清风浴德”廉政文化苑以“廉”为主题，注重融“廉”于景，占地1400平方米的公园园区内，运用园林语言、景观艺术，使廉洁元素与公园内的自然景观、人文环境有机融合，游客可在移步换景中感受迎面而来的廉韵。

文化苑以池浴德的清廉事迹为主线，串联“曳舟亭”“池半升断案”“百廉墙”“警钟长鸣”等多处场景，关联“浴德云学堂”微信小程序，以微视频、电子书、漫画长图的形式，实现“线上+线下”联动，让廉洁文化故事“活”起来，“动”起来。

【经典展示】

“池半升”断案石像

池浴德首仕在浙江遂昌，到任时县衙已积案三百余件，狱中更是人满为患。

池浴德到任后立刻着手处理堆积如山的案件，他先将所有案件依照年份、案情的轻重缓急汇编成册，分门别类进行办理，很快将积案清理一空。平时受了冤屈而又打不起官司的百姓听说遂昌来了个公正贤明的知县，纷纷赶来申诉。《晃岩集》记载：“民有讼，一毫纸镪不输官，只袖米半升往返，民称‘池半升’。”池浴德办案分文不取，百姓到衙门诉讼无须缴纳任何费用，仅需携带半升米用作路途干粮即可。其高风亮节颇受百姓爱戴，老百姓亲切地称他“池半升”。

江头公园内有池浴德坐像石刻，展示“池半升”升堂断案的生动场景，石像目光坚毅，背后屏风上刻有莲花纹样，寓意秉公执法、高风亮节。

曳舟亭

池浴德办事公道，邻县遇到难办的事都请他去帮忙处理。当时土地兼并的现象极为严重，池浴德受委托，亲自到现场丈量田地，无一差漏，然后编成黄册。由于豪强受到压制，百姓无不欢欣鼓舞。

正在这时，朝廷晋升池浴德为南京吏部考功郎中的任命书到了，临行那天，全县男女老少“前后绕拥”，赶来送行，争着来抬轿子。到了龙游县之后池浴德改乘船只，“万人曳舟，三日不得去”。池浴德只能半夜解开缆绳，悄悄离开。事后，老百姓自动集资，在江边盖了一座石亭，名为“曳舟亭”，题上“江水比恩犹有底，溪云护石更无心”这两句诗，以纪念池浴德的勤政惠民。

池浴德廉洁勤政，离不开池家的家风家教。父亲池杨虽“屡试不利，力田治生”，但为人正直，深明大义，池家家教甚严。池浴德就任遂昌前，池杨书写对联“世积俭勤，席祖荫，追思昔日；官期清白，戒儿曹，努力将来”为其送行，嘱咐他要牢记祖训家训。池浴德谨遵父亲的教诲，不仅为官时恪遵先人“俭勤清白”之训，卸任回厦门后也都“蔬食布衣，宴客不重肉”。池浴德时常教导后辈：“毋滥交，毋惹事，毋衣罗绮，毋想膏粱，毋恃贵凌人。”

池浴德有四个孩子，长子池显京，万历三十七年（1609年）中举，初授和州知州。和州的官府横征暴敛，单牛税一项就“岁入千金”，把老百姓逼得倾家荡产。池显京到任后了解到这个苛政，立刻将其革除。池显京秉承父辈廉洁勤政的作风，却得罪了魏忠贤阉党。池浴德的次子池显方是明代著名诗人。至孙子辈，池家又出了为官清廉的池继善。祖孙三代清官，“勤廉”的家风影响深远。

如今，厦门云顶岩上仍然可见池浴德的七律题刻，诗中写有“数茎菊绽香初远，百仞风高石亦寒”，正如他感叹的香菊一般，池浴德的廉洁家风也绽放于历史长河里，馥郁至今。

扫码看 VR 展厅

湖里区家规家训馆

地　　址：厦门市湖里区吕岭路与金泰路交界处惠和石文化园

开放时间：上午 8:30—12:00，下午 14:00—17:30（逢周一闭馆）

联系电话：0592-5518977

“家风是一个家庭的精神内核”，中国人历来重视家庭在个人成长过程中的作用，认为“天下之本在家”。家庭要薪火相传，关键在于家风相传。厦门市湖里区就有这样一座家风家训馆，漫步其中，闽南红砖建筑掩映其间，点缀着精美的石雕、影雕，入眼的是令人受益匪浅的家规家训。

湖里区家规家训馆以石刻为主要载体，将家风文化融入闽南建筑、石雕工艺、非遗影雕技艺，以石记史，以石观史，通过多种表现形式弘扬国家、福建、厦门和湖里历史名人的家规家训和好家风故事，引领党员干部群众共同培育“忠厚传家久、清廉继世长”的良好家风。

【经典展示】

朱子家训

中国名人馆中有非遗影雕技艺展示，匠人们在石头上雕刻出朱熹等多位历史名人画像，详细介绍先贤们的传世家规家训。

朱熹，南宋著名哲学家、教育家、文学家，理学集大成者，被尊称为朱子，因谥文，后世称朱文公。朱熹撰写的《朱子家训》，仅有三百余字，却精辟阐述了修身治家之道，被誉为千古“治家之经”。

薛令之家训

家规家训馆收录古今数十位名人家训，其中不乏湖里本土名人。湖里名人馆就收录有薛令之的清廉家训。

薛令之于唐神龙二年（706年）中进士，为闽地中举入仕第一人。开元中后期，唐玄宗沉迷于声色犬马，无心朝政，奸相李林甫专权误国，朝野怨声载道，薛令之愤慨题诗《自悼》一首，“朝日上团团，照见先生盘。盘中何所有，苜蓿长阑干。饭涩匙难绾，羹稀箸易宽。只可谋朝夕，何由保岁寒。”意在警醒——虽然盛世华光，却危机四伏。玄宗恼羞成怒，以诗反讽。居朝为官已四十六年的薛令之毅然辞官返乡，在家中过清贫生活。唐肃宗继位，为嘉许恩师的清正廉洁，敕封其所居之村为“廉村”，溪为“廉溪”，山为“廉岭”，“三廉”美名于是传扬。薛令之辞世，家徒四壁，身无长物，只给子孙后代及村邻亲友留下二十个字：“父言慈，子言孝，家声永振;书可读，田可耕，世业悠存 。”薛令之后人迁徙至厦门湖里林后、安兜一带定居，也将其清廉家训流传下来。

马垅军民团结大榕树

地　　址：厦门市湖里区马垅社路口
开放时间：全天开放

湖里区殿前街道的马垅榕树公园里，矗立着一棵粗壮的大榕树，树干上系着红布条，一旁的石头上刻着“马垅军民团结大榕树”九个大字。这棵大榕树，见证了七十多年前解放厦门战役中马垅百姓和解放军战士的鱼水深情。

2017年4月，马垅军民团结大榕树被中共厦门市湖里区委员会、厦门市湖里区人民政府认定为红色文化保护单位。

【经典展示】

军民团结大榕树石刻

1949年10月15日晚上，人民解放军第三野战军第十兵团第29军和第31军联合发起解放厦门的战役，解放军从寨上石湖山、殿前的神山、高崎的后莲坪突破敌人的重重防线，奋勇登上厦门岛。16日早上，在战斗的间隙，战士们穿着被海水浸湿的军装，来到马垅村大榕树下。

开门出来的村民看到身穿土黄色军服、头戴五角星军帽且秩序井然的解

放军，对比刚刚溃败不久的国民党军队，他们认定这些头戴五角星军帽、秩序井然的军队就是自己的队伍。他们翻出仅有的番薯和大米，拿出自己的豆豉和萝卜干给战士们吃。这时，一位解放军从上衣口袋中掏出几张纸币硬塞进老妈妈的手里。老妈妈赶忙告诉解放军，自己人，不用收钱。那位解放军指着帽子上的五角星说，我们是解放军，必须得付钱。老妈妈看着手里的“纸镭（纸币）”，想起就在几天前国民党兵进村子抢吃的情形，感慨“咱们的解放军，真的是不一样啊”！

解放军战士纪律严明，不入户扰民，就聚集在村头这棵大榕树下进食补给。虽然战士们讲的话村民们听不懂，但是他们和蔼的面容、温和的语气、严明的纪律，给老百姓们留下深刻的印象。村民们送来的只是地瓜和稀饭，只是豆豉和萝卜干，但却能填饱战士们饥饿的肚腹，温暖战士们的内心，更鼓舞战士们高昂的斗志。部队在马垅村匆匆休整了一会儿，又精神抖擞地出发，投入仙岳山沿线的战斗，直到第二天解放整个厦门岛。

如今的马垅，再也不是当年地少人穷的乡村，再也见不到当年那些低矮的老厝，而成为真正的车水“马龙”之地！村头上那棵见证军民情深的老榕树盘根错节，绿荫浓密，好像在对参观的人们一遍又一遍地讲述当年马垅村民拥军的感人故事。

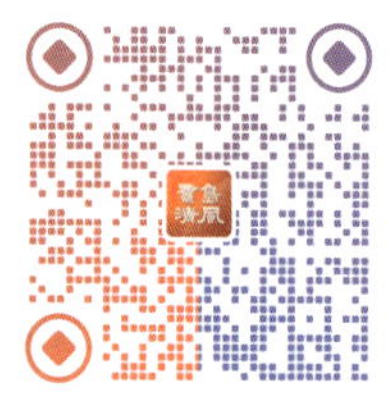

扫码看 VR 展厅

陈胜元故居

地　　址：厦门市湖里区殿前六路

开放时间：9:00—17:00（提前半小时停止入馆），周一例行闭馆（节假日除外）

联系电话：18950167388

陈胜元（1797—1853），字建珍，号晓亭，厦门人，清朝爱国名将。鸦片战争中，陈胜元三次参与指挥战斗，身先士卒，多次击退英军，保卫厦门，表现出英勇的爱国主义精神。殉难后，清廷追封他为“振威将军”，赐谥“刚勇”，赐提督衔。

陈胜元故居始建于清乾隆年间，原址位于厦门市思明区溪岸街32-34号。后因城市改造，原建筑整体搬迁至湖里区殿前街道。

故居的三进院落辟为陈列展室，精心选取陈胜元故居原物、鸦片战争时期陈胜元相关的文件资料以及相关辅助展品，展示陈胜元的生平事迹以及鸦片战争发生在厦门的史实，内容分为“百年故居——陈胜元故居的历史及现状”“名将生平——陈胜元生平”“高芳满门——陈胜元家族及后裔”“鸦片战争与厦门——厦门的三次抗英斗争”四部分。

陈胜元故居是市级文物保护单位、厦门市第一批涉台文物古迹。

【经典展示】

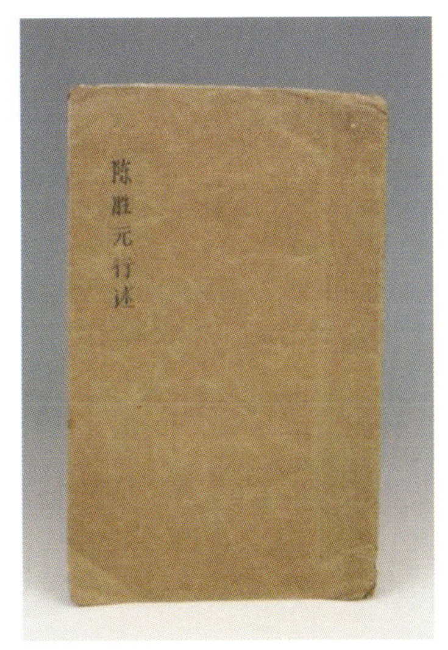

陈胜元行述

“行述”是叙述死者世系、生平、籍贯、事迹的文章，常由死者的门生故吏或亲朋好友撰述，留作撰写墓志或为史官提供立传的依据。《陈胜元行述》由清代湖广总督郭柏荫撰写，约刊印于光绪三年（1877年），比较详细地记载了陈胜元的生平和事迹，是研究陈胜元的重要史料。现海内仅存孤本，原件由厦门大学陈孔立教授赠予厦门市博物馆收藏。陈胜元故居第二进天井的廊屋墙壁上嵌有刻着《陈胜元行述》节选段落的石碑。

陈胜元一生戎马，精忠报国，作为清军将领，他鞠躬尽瘁，死而后已。而他为人所称颂的不仅是累累功绩，还有高风亮节。

陈胜元为官三十年，自始至终廉洁奉公。《陈胜元行述》中说他“性正直廉惠”“廉俸外一无所取”“历官三十余年，家无余资”。陈胜元出外巡视从不干扰百姓，拒绝排场接待。朝廷拨下军饷，他按时如数发放给士兵，以安军心。曾经有人向陈胜元进言，劝他多存积蓄留给子孙，陈胜元回答：“倘若我的子孙们个个贤达，这就是最好的积蓄了，哪里还需要依靠祖上的遗产？”陈胜元为官清廉，垂范后人。陈氏族人视陈胜元为家族的光荣与骄傲，将其遗嘱中的“忠贞相励，廉洁自持”八字作为家训，要求子孙代代发扬光大。

陈宗凯墓

陈宗凯（1837—1895），字绳武，号述堂，陈胜元的第三子，清朝爱国将领。咸丰十年（1860年），陈宗凯任金门镇中营游击，次年代理金门镇总兵。任烽火门参将期间，他废除陋习，扩建城池（1891年），百姓刻碑颂之。清光绪十五年（1889

年），署台湾嘉义营参将，十七年（1891年）升任彰化参将。他支持开发台湾，参与铁路建设，煤矿开采，发展垦抚事业。光绪二十一年（1895年），任台北艋舺参将。甲午战争中，他奋勇御寇，积劳成疾病逝，诰封武功将军、艋舺都督。陈胜元与其子孙，均深受儒家传统思想影响，他们身处乱世，却能身体力行，秉持中国传统的儒家道德规范，富有崇高的爱国精神，为后世子孙留下可贵的精神财富。

陈宗凯墓位于陈胜元故居后院。1937年，陈宗凯之六子陈镇瑚将父墓移葬于殿前西山。1992年，因建设需要，墓地被征用，裔孙陈汉青、陈光端将墓碑、供桌、墓柱和墓志铭运至溪岸街陈胜元故居内存放。2006年，陈胜元故居迁建，溪岸陈氏宗亲于故居后院重修陈宗凯墓，作为纪念。

扫码看 VR 展厅

厦门经济特区纪念馆

地　　址：厦门市湖里区兴隆路23号

开放时间：工作日9:00—17:30，周末及重要节假日9:00—18:00（提前半小时停止入馆，逢周一闭馆）

联系电话：0592-5628032

厦门经济特区纪念馆位于特区发祥地湖里，场馆由原厦门经济特区管委会综合办公楼（后为湖里区政府办公楼）改建而成，于2008年12月正式对外开放。2021年12月，为庆祝厦门经济特区建设四十周年、中国共产党成立一百周年，厦门市博物馆在厦门经济特区纪念馆馆区推出主题展览“大厦之门 敢拼会赢——厦门经济特区建设历史陈列”。

该展览以厦门经济特区的创建发展、建设改革为脉络，以时间为轴，分为“敢向潮头立（1978—1992年）”“勇闯新天地（1992—2012年）”“扬帆新时代（2012年至今）”三个部分。

展览还原了湖里开山第一炮、邓小平同志视察厦门题词、习近平同志领导的筼筜湖治理等多处厦门经济特区建设历程上的历史性场景、标志性事件，立体化地展示厦门经济特区建设四十年来改革创新的壮阔历程和取得的辉煌成就。

厦门经济特区纪念馆是厦门市重要的爱国主义教育基地，历年来获评福建省党史教育基地、中国人民解放军东部战区陆军红色教育基地、全国关心下一代党史国史教育基地，持续传承和弘扬敢闯敢试、敢为人先、埋头苦干的特区精神。

【经典展示】

特区创业者使用过的办公用具和生活用品

特区建设之初，各方面条件十分艰苦。据老建设者回忆，厦门经济特区管理委员会中来自五湖四海的几十位干部带着家属，挤在临时租来的湖滨饭店办公。湖滨饭店周边是路不平灯不亮，没邮局没商店的滩涂。饭店门口，有一条约五百米长的烂海泥路，老建设者吴祖尧说："在我的记忆里，那时候全厦门就三路公交车，文灶以外就是郊区，没有像样的道路和交通工具，我每天要在路上花个把小时才能到办公室，一到梅雨季节，鞋子上基本都是泥。"

忙碌的铲车、震天的打桩声，是那个年代的火热记忆。尽管条件不好，但特区建设者们热情高涨。没有现成经验，没有标准答案，经济特区的建设者们就冲锋探路，"杀出一条血路来"。利用特区政策优势，厦门在全国率先利用外国贷款建设机场、港口、通信等基础设施，率先推进税利分流改革，率先改革国有资产管理体制，率先推行土地有偿转让和政府采购公开招投标，设立首家中外合资银行……厦门经济特区成立之初的一系列开放举措激活了发展活力，形成外引内联的良好开局。

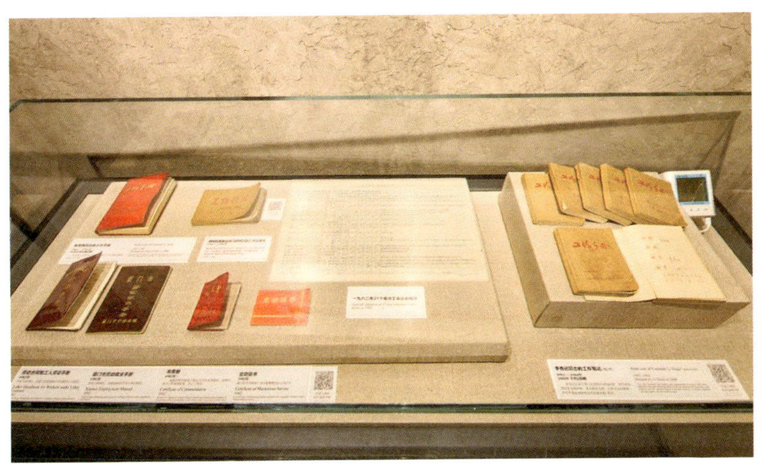

四十多年来，这个偏于祖国东南的滨海小城汇聚了来自四面八方的建设者。他们并肩奋斗，进行了一系列前无古人的艰难探索，在经济建设、环境保护、文化遗产保护等领域走出全新道路，建设者们面对艰苦的条件无怨无悔地付出，“特区拓荒牛”们的无私奉献、拼搏进取的精神成为城市发展宝贵的精神财富。

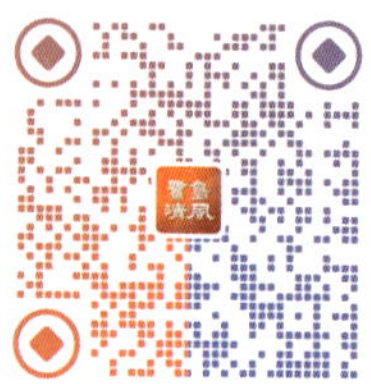

扫码看 VR 展厅

厦门海堤纪念馆

地　　址：厦门市湖里区高崎社1243号
开放时间：8:30—16:30（逢周一、周日闭馆）
联系电话：0592-2654114

厦门海堤纪念馆位于厦门海堤公园内，建筑面积400多平方米。纪念馆外观形似海浪，馆内的展览内容共分5个部分，详尽记述海堤从决策、施工到建成、造福社会乃至新时期改造、重获生机的全过程。展览采用大量图片文字、珍贵实物、模型雕塑及多媒体等形式，还原了那段峥嵘岁月。其中，展出的珍贵实物就有45件，包括海堤劳动模范奖章，施工所用的测量仪器、油灯，海堤建成后的完工证、喜报贺卡，还有与海堤相关的书籍、邮票等。

厦门海堤纪念馆及纪念公园是弘扬“海堤精神”的教学主阵地，被列入首批厦门市红色文化经典线路。海堤建设过程孕育出“移山填海、科学创新、团结奉献、自强不息”的“海堤精神”，成为厦门的精神烙印，激励一代代厦门人“敢闯敢试，敢为人先，埋头苦干”，在新时代继续推进厦门特区的建设发展。

【经典展示】

《移山填海》纪录片

1957年拍摄的纪录片《移山填海》是海堤纪念馆中的“镇馆之宝”，这部纪录片拷贝自北京八一制片厂档案室的原片，重现了海堤建设的壮观景象。

1950年，地处战斗前沿的厦门岛，军事形势紧张，但由于交通不畅，很多军事装备无法运抵，军民的饮用水也成了大问题。为了巩固海防、促进发展，海堤建设被提上议事日程。1953年6月，高集海堤正式开工建设，当时没有大型机械设备可用，建设者们就依靠双手和简单的工具，轰轰烈烈地开启了这项“移山填海”的伟大工程。面对天上的敌机轰炸和恶劣的自然条件，建设者们丝毫不退缩，几百斤的石块，姑娘也来一起扛，条石插砌护坡、行船竹笼快速抛石法、海底轨道整平法为世界首创，水下爆夯技术更是突破性发明，厦门海堤于1955年9月提前建成通车，创造了世界海堤建设史上的奇迹。

受益于精打细算的节约精神，海堤工程结余470多万元，占总投资额的27.59%。厦门利用这笔资金，改扩建成工程机械厂、罐头厂、橡胶厂、鱼肝油厂、酒厂等一批工业项目，全资兴建厦门第一代工人文化宫，扩建厦门一中五七楼和厦门第一医院等社会项目。这批项目，让百废待兴的厦门有了自己的工业基础，对厦门的长远发展和民生保障产生深刻影响。

集美区

集美清风园

地　　址：厦门市集美区景山路与景湖北路交界处

开放时间：全天开放

集美清风园坐落于风光秀丽、环境优美的风景湖公园内，是灌口首个大型综合市政公园。园区巧妙地融合自然景观与人文景观，主体内容为主题雕塑群，运用石雕、铜雕、木结构等表现手法，从不同角度展示廉洁文化，使游园者在移步换景中接受廉洁文化的熏陶和教育。

园区共分四个雕塑组团。

第一组为“家廉万事宁”，由“三孝合一”“家庭三缺一”“廉洁柱”等构成，提醒党员干部涵养清廉家风。

第二组为“正气荡天宇”，有党的好干部焦裕禄、时代先锋孔繁森、人民的好公仆谷文昌以及纪检干部的优秀代表王瑛的形象雕塑，号召大家以这些当代先进模范为榜样，做勤廉爱民的好干部。

第三组为“清气满乾坤”，包括陶母封鲊、四知太守、不二公、悬鱼拒贿和林则徐怒斥颠地五个历史廉洁故事雕塑，让大家从历史传统文化中受到熏陶。

第四组为“身正自清明”，记录了廉政名言名篇，还有一口巨大的雕塑钟“警钟长鸣”，叩击参观者的心灵。

园区辟有“安雅广场”，安置巨幅显示屏和宣传栏宣传廉洁文化，广场上经常举办廉洁宣传活动，在丰富群众业余生活的同时，让廉洁文化浸润无声。

【经典展示】

陶母封鲊雕塑

陶侃是东晋有名的贤臣，从小勤奋好学，注意品格培养，这一切都与他母亲的严格教育分不开。陶侃长大后，担任了管理渔业的小官。这一年，他托人带一坛腌鱼（鲊）回家孝敬母亲。

母亲却把鱼封好退了回去，给他写了一封信说：“你是国家的官员，怎么能用公家的东西孝敬母亲呢？这是为政不廉啊！”

二不尚书雕塑

范景文（1587—1644），字梦章，号思仁，别号质公，河北吴桥人。范景文出生于官宦世家，历任吏部文选郎中、河南巡抚、工部尚书、东阁大学士等要职。

明朝万历年间，官员官风和社会风气非常不好，但范景文严格自律，始终以名节自励，在府门上写“不受嘱，不受馈”六个大字以明心迹。行贿不成的人劝他当官就要为自己谋点私利，范景文斥责他说：“最大的私利，乃是保全生命，我不收贿赂，正是为此。你只见其利，不见其害，我为你感到羞愧！”老百姓交口称赞，尊称他为“二不公”或“二不尚书”。

扫码看 VR 展厅

集美鳌园景区

地　　址：厦门市集美区鳌园路24号、嘉庚路149号

开放时间：08:00—17:30

联系电话：0592-6681600

集美鳌园景区地位于厦门市集美区，由鳌园、陈嘉庚先生故居、陈嘉庚纪念馆、归来堂、归来园、嘉庚公园等组成，总面积约18万平方米，建筑面积近3万平方米，是全国中小学爱国主义教育基地、全国爱国主义教育示范基地、中国侨联首批爱国主义教育基地、福建省首批爱国主义教育基地、福建省首批廉洁文化示范基地。

陈嘉庚（1874—1961），出生于福建省同安县集美社（今厦门市集美区），是伟大的爱国主义者，杰出华侨领袖，著名实业家、教育家和社会活动家，被誉为“华侨旗帜、民族光辉”，曾任中国人民政治协商会议全国委员会副主席、全国人民代表大会常务委员会委员、中华全国归国华侨联合会主席等职。

【经典展示】

陈嘉庚生活陈列

嘉庚先生故居坐落在集美学村中心，是嘉庚先生和胞弟陈敬贤回国期间工作和生活的重要场所。故居二楼如今按陈嘉庚先生晚年居住情况，原样陈列其生活起居的房间布局以及生前所使用的部分物品。从这些简单朴素的家具布置和陈旧的衣物用品中能看出，这位华侨领袖虽然生活勤俭质朴，却将自己的一生无私奉献给了热爱的祖国和教育事业。

陈嘉庚先生的高尚品格首先来自母亲孙秀妹自幼的教导。1874年，陈嘉庚出生于福建厦门集美。父亲陈杞柏为生计远渡南洋经商，陈嘉庚自小由母亲一手抚养长大。母亲深受娘家“教子读书”“治家勤俭”家训的影响，在督促陈嘉庚读书识字的同时也教他识事明理。孙秀妹时常带着陈嘉庚下田下海，辛勤劳作、补贴家用，陈嘉庚从小就养成勤勉打拼、勤俭节约的优良品格。长大后，陈嘉庚远赴南洋，先是跟从，后是接替父亲经商。再后来，他受到孙中山先生“天下为公、世界大同”民主革命思想的熏陶和影响，思想从经商发家致富变为捐资兴学，再变为为国育才尽天职。

1940年，陈嘉庚亲临延安考察访问，亲眼所见当地军民自力更生、艰苦奋斗的作风和精神面貌，亲身感受到边区清正廉洁、勤俭简朴的作派蔚然成风，全无贪腐、奢靡、盗匪、欺诈、娼妓之社会污垢。他倍感兴奋，深受感动。从此，陈嘉庚下定决心，坚决拥护和全力支持共产党，矢志不渝跟共产党走。

陈列柜里摆放着陈嘉庚生前用过的布伞，这把伞用了十多年，破了就补，烂得不能再补就换布，亲人补后觉得不像样，想要换掉，陈嘉庚笑着说："不像样不要紧，能用就行了。"陈嘉庚的衣服和手杖也多是磨损的，有的衣服从南洋穿到祖国，从抗战时期穿到解放后。他有一套褐色粗呢大衣，只有在参加重要会议和视察各地时才穿上。他夜里熄灯后用的烛台，是用倒置着的破瓷杯改成的，家人曾建议给他买个烛台，陈嘉庚不许："该用的钱，几千几万都得花；不该用的，一分钱也不能浪费。"陈嘉庚支持抗战、办学助学、公益慈善总是出手大方，竭尽所能。据统计，陈嘉庚一生在国内外创办和资助的学校达118所，用于教育事业的金钱超过一亿美元。20世纪30年代起，席卷全球的金融危机中，他的产业受到严重冲击，办学经费无以为继，但他果断卖掉自己的三座大厦维持办学。而对于他个人和家庭的生活费用，无论是在南洋，还是在国内，他都锱铢必较，能省尽省，极力反对铺张浪费现象和行为。1950年，陈嘉庚回国定居，回到挚爱的家乡厦门集美。尽管政府每月都给他

发好几百块钱的工资，但他还是跟以往一样，生活一直非常俭朴，常常是地瓜稀饭或萝卜干配稀饭，每天的生活费总计不到两元，伙食费不足五角，节约下来的钱全都拿去办学。

身教胜于言传，陈嘉庚的后代也承袭了节俭之风。陈嘉庚的孙子陈立人回忆说，小时上学时，每逢学期末或者年底，总会有没用完的作业纸、作业本，父亲就把余下的本子裁开，把纸张收集起来重新订成新本子，给他们使用。他们家还有一个规矩，碗底的饭粒一定要吃完，一粒米都不能剩下。每当有人不懂事剩下饭粒，父亲都会苦口婆心地说："农户种田是非常辛苦的，一粒米凝结许多汗水，不能浪费。"子女们吃饭时使用餐巾纸，永远是习惯性地抽一张，撕一半放回去，下次再用，能用半张绝不用一张。"勤俭克己"的家风就这样渗透在陈家人的血液中、体现在日常生活的细节里。

陈嘉庚先生一生将大爱奉献给国家、革命、建设事业，特别是家乡教育事业，留给后人勤俭节约的美德和忠公诚毅的精神。

李林园

地　　址：厦门市集美区集美街道集美中学内
开放情况：需预约参观
联系电话：0592-6068304、6105005

李林园坐落于厦门市集美中学南薰楼东侧。1988年，为纪念抗日女英雄李林烈士殉国四十八周年、集美中学七十周年校庆而兴建，是福建省德育教育基地、福建省党史教育基地、厦门市爱国主义教育基地。校内还建有李林纪念馆，展出全国各地开展纪念活动的照片，用48幅连环画讲述李林壮烈的一生。

李林，1915年出生于福建龙溪县（今漳州市龙海区），侨居印尼十年，在集美读书期间受嘉庚精神影响，积极参与抗日宣传活动。1936年，她加入中国共产党后奔赴山西抗战前线，多次率部抗击日寇，骁勇善战，被贺龙元帅称赞为“我们的女英雄”。1940年，李林为掩护数百名干部群众壮烈牺牲，年仅25岁。2009年，李林被评选为“一百位为新中国成立做出突出贡献的英雄模范人物”。

【经典展示】

李林纪念雕塑

1937年，抗日战争全面爆发后，李林坚决要求到前方杀敌，从此披挂上阵，成为抗日战场上的华侨“花木兰”。1940年4月，日伪军集中一万两千兵力，对晋绥边区进行“扫荡”。4月26日，为了掩护机关和群众突围，李林不顾怀有三个月的身孕，率骑兵连勇猛冲杀，将日伪军引开，自己却被围困于小郭家村。在疾驰的马背上，李林扭转身体，回头射杀日寇。多处负伤后，她仍英勇抗击，毙伤日伪军六人。最终，李林被日伪军包围，她宁死不屈，用最后一发子弹射进喉部，壮烈殉国，年仅二十五岁。李林在学生时代写下报国之志，最终用生命兑现了自己的誓言。

集美三立楼

地　　址：厦门市集美区嘉庚路57号集美小学三立楼

开放情况：需预约参观

联系电话：13799778519

集美三立楼是陈嘉庚在20世纪早期建成的集美学校师范部校舍之一，是厦门地区第一个共青团支部的诞生地，因“立德”“立言”“立功”三座联体楼一字型排列而得名。抗战期间，三立楼被日寇飞机多次轰炸，仅余空壳，抗战后重修，1965年用作集美小学校舍至今。1988年4月，三立楼被厦门市人民政府认定为第三批市级文物保护单位；2017年，被集美区委区政府认定为红色文化点。

【经典展示】

厦门地区第一个共青团支部碑

1924年，集美学校师范部学生罗明和李觉民等人，在团中央和团广东区委的指导下，联合一批先进青年，组建“福建青

年协进社”，创办《星火周报》，宣传和研究马克思主义。他们就在三立楼从事革命活动。

1925年6月，共青团广东区委派候补委员蓝裕业以国民促进会代表的身份来集美学校，吸收李觉民、罗扬才、刘端生、邱泮林、罗良厚、罗贤开（刘祥才）、罗调金（罗朝正）等七人加入共青团。6月中旬，在集美学校师范部三立楼，闽西南地区第一个共青团支部——共青团厦门支部成立。该支部由李觉民任书记，隶属于共青团广东区委，接受团中央直接领导。共青团厦门支部成立后，进一步开展进步思想的宣传演说，积极发动青年学生参与反帝爱国运动，引领志同道合的年轻人朝革命道路迈进。共青团厦门支部成立后，革命之火开始在厦门的土地上燃烧。

海沧区

扫码看 VR 展厅

颜氏家风家训馆（开漳堂）

地　　址：厦门市海沧区青礁村过田社13号
开放时间：上午8:00—12:00，下午14:30—17:30
联系电话：13860161970

开漳堂位于全国美丽乡村青礁村，始建于宋绍兴二十年（1150年）。这里人杰地灵，历史文化底蕴深厚，有“祖孙五代三尚书”“一村二十三进士”的举世佳话，原祖厝东侧的“植兰书院”是当时漳郡的知名书院，培养出多位颜氏名人。宋代吏部尚书颜师鲁便是其中的代表。

颜氏家风家训馆以廉洁为主题，由文化广场、祠堂内部展厅组成。整体以展示颜之推的《颜氏家训》为主线，结合颜氏先贤、古今名人等生平事迹布展，让古厝里的廉洁别有韵味。

【经典展示】

三十六字官箴

“吏不畏吾严而畏吾廉，民不服吾能而服吾公，公则民不敢慢，廉则吏不敢欺，公生明，廉生威”，意为：官吏不害怕我严厉，而害怕我廉洁。百姓不服我的才能，而服我的公正。办事公正，百姓就不敢怠慢。居官清廉，属下就不敢有所欺瞒。为官公平公正，才能使政治清明。做官清正廉明，才能在百姓中树立威信。乾隆二十三年（1758年），颜希深任山东泰安府知府，在旧科房的残墙中发现明代留下的三十六字官箴。颜希深读了这碑文后受到很大启示，将它移到署内西边走廊，在碑文后面写了跋文，当作座右铭鞭策自己及子孙后代。

颜希深的儿子颜检从小耳濡目染父亲的勤廉忠正，立志仰承先父训导，忠君报国。他在直隶总督任上断案公正，宽严得体，得到皇帝赞许。他上书为民减赋，为福建民众停贡荔枝、素心兰，减免积欠朝廷的大量租金；他上书为百姓谋福利，疏浚杭州湖，兴修水利；他驻守工地防汛，确保一方百姓之平安。“两袖入清风，静忆此生宦况；一庭来好月，朗同吾辈心期”是颜检题于巡抚署斋的楹联，也是他一直秉持的为官之道。

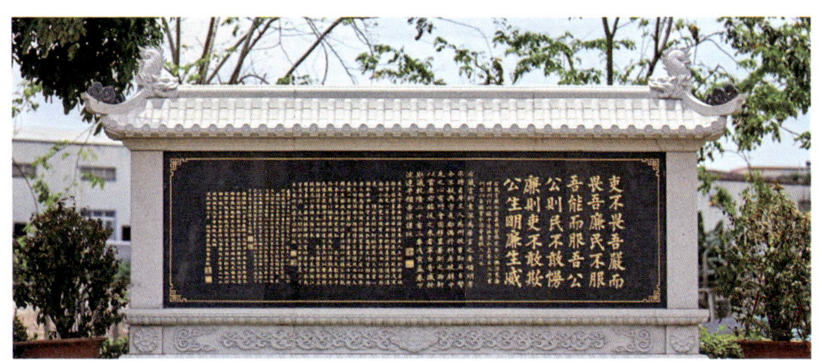

道光二年（1822年），颜检的儿子颜伯焘调任陕西延榆绥道道台，颜检又将父亲赠与的三十六字官箴拓本转赠颜伯焘。颜伯焘曾驻厦门岛福建水师提督府，在建设胡里山石壁炮台时，许多人想“走门路”，从工程中获得不当利益，颜伯焘就将官箴贴于门上，心怀鬼胎的求见者见到后都悄悄溜走。

颜检家族多代相传、人才辈出，至道光年逐渐成为“一门三世四督抚，五部十省八花翎”的显赫官宦人家，用事实告诉世人，清白传家方可兴旺门楣。

颜氏家训

青礁远祖颜之推所著《颜氏家训》，是我国最早的系统完整的家庭教育专著，在传统中国的家庭教育史上影响较大。明朝的袁衮在其家训专著《庭帷杂录》中赞道：“六朝颜之推家风最正，相传最远。”开漳堂内按“忠”“孝”“廉”“思”“修”“勤”顺序悬挂着一幅幅《颜氏家训》绘图，以教子、兄弟、治家、风操、慕贤、名实等场景展示家训的精髓，至今仍有广泛的社会影响。

开漳堂自古文风鼎盛，宋元明三朝出现二十三名进士，有以颜唐臣、颜耆仲、颜思齐等为代表的一大批杰出的后裔，尤其是颜师鲁、颜颐仲、颜荣三人成就了“一门五世三尚书”的佳话。其家族的繁盛与青礁颜氏千年来秉承的颜氏家训分不开。

颜师鲁坚持将理学贯穿在一生的言行中，他认为，人最重要的，就是孜孜不倦按理学的准则，教育自己，改造自己，他以此勉励后人勤学励志。颜师鲁是青礁颜氏承上启下的代表性人物，是开漳堂优良家风的集大成者。

莲塘别墅

地　　址：厦门市海沧区新街50号

开放时间：上午8:00—12:00，下午14:30—17:30

联系电话：0592-6085378、15750792280

莲塘别墅，由赴越南经商致富的陈炳猷建于清光绪三十年至三十二年(1904—1906年)，系闽南传统院落建筑群，呈“品”字形分布，内有住宅、学堂、家庙、花园等，占地面积约3万平方米，建筑面积8000多平方米，是厦门目前保存面积最大的园林式民居建筑群，有人居、教育、祭祀三重功能。

【经典展示】

家训楹联

“莲不染尘君子比德　塘以鉴景学士知方”,该联表明了别墅主人对处世立德、读书育人的重视。敦厚诚实的家风滋养一代代陈氏后人，他们勤奋努力，踏实求真，以简朴至臻的方式传承祖辈遗风。

莲塘别墅的建造者陈炳猷，发家致富后不忘本，他体恤民生，关心疾苦，先后为遭受鼠疫、洪灾的家乡百姓汇回银两数万，运回20万斤大米，施医，施药，施米，施衣，施棺，当地百姓无不交口称赞。

陈炳猷及族人勉力实业救国，1906年福建筹建铁路，陈炳猷和堂弟陈炳煌慷慨解囊投资800万银圆。陈炳猷还动员族人积极投资，福建历史上第一条铁路厦漳铁路最终于1911年通车运营，沿线百姓、商贾无不受益。更令陈氏子孙骄傲的是陈炳猷、陈炳勋和陈炳坤三兄弟变卖资产支持孙中山革命的壮举。

陈炳猷重视教育，在兴建陈家大宅时，同步规划建造了莲塘学堂（即后来莲塘别墅）。后来的沧江小学，如今的海沧中心小学、海沧中学和龙海第二中学的创办，都离不开陈氏族人的支持与付出。

同安区

扫码看 VR 展厅

苏颂故居芦山堂

地　　址：厦门市同安区后炉社区洗墨池路23号

开放时间：8:00—17:30

联系电话：0592-7122883

芦山堂始建于五代后晋开运元年（944年），是宋代贤相苏颂的故居，因坐落于葫芦山而得名。这里最初是芦山苏氏二世祖苏光诲的府第。自宋代以来，芦山堂多次修建，延续至今，现存建筑为清末改扩建，目前是苏氏“芦山衍派”总祠堂。芦山堂是苏氏芦山派裔的发源地，是研究同安宋代历史及苏氏源流的重要文物古迹。

目前芦山堂两侧房间内展示有芦山苏氏家族的相关陈列，包含“芦山源流”“芦山贤哲”“家风传承”“名扬四海”“法制思想”等部分，运用图文、雕塑等形式展示包括苏颂在内的芦山苏氏一脉杰出后裔的突出事迹。

【经典展示】

芦山堂《苏氏家风家训》

芦山堂内的墙上挂着一幅匾额，上刻《苏氏家风家训》，苏颂家风家训以《魏公谭训》和《家训诗》为基础，从大处着眼，小处着手，特别重视孝悌、礼义思想，重视开展清廉、节俭教育，贯穿感恩、敬畏理念，垂范千年，至今仍有广泛的社会影响。

北宋时期，“芦山三杰”苏绅、苏缄、苏颂的生平事迹载入国史，成就名门望族“芦山苏氏”。芦山堂自古文风鼎盛，到清代为止，芦山衍派涌现出87名进士。培养出以苏绅、苏缄、苏颂、苏浚、苏廷玉等为代表的一大批杰出的后裔，这与芦山苏氏秉承千年的家风家训分不开。苏颂博学爱民，清白传家，行完学富，是芦山苏氏承上启下的代表性人物，是芦山堂优良家风的集大成者。

苏颂（1020—1101），字子容，他任过地方官，先后在中央的礼部、吏部、刑部和工部等任职，曾任刑部尚书和吏部尚书，最后当上宰相。去世后南宋理宗追谥“正简”，其出生地同安就有了“正简流芳”的美誉。

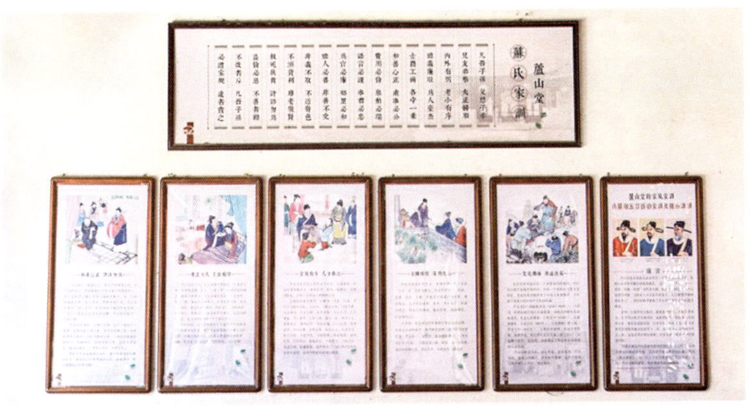

芦山堂二进大厅的大圆楹柱上，有一对楹联“世胄相传清白训，源流同是子卿孙”。苏颂出生在北宋时期的望族，有诗礼传家的传统。祖父苏仲昌因德操懿美，荐贤良方正科；又因不畏权贵，“赐食学士院，给笔札，使尽言之”。苏颂常常用祖先的正直品格及取得的荣誉来激励子孙。父亲苏绅一刻也不放松对苏颂的教育，延聘教书先生指导苏缄、苏颂等族中子弟功课，重点讲述“在家为孝子，出征是忠臣”的忠孝美德。苏绅一直在外做官，生前向苏颂交代身后事，认为千里归葬劳民伤财，也给国家、社会带来不必要的负面影响，“既不能免仕官，随处葬我，乃延陵季子之志也”。苏绅去世后，苏颂按照父亲遗嘱办理善后，就近择地安葬父亲。苏绅的堂弟苏缄在苏绅去世后以诗铭志：“近年忠义心如铁，不负平生教育恩。”尽管苏缄官宦沉浮，却始终不改为民之心、报国之志，面对强敌侵犯，率领邕州（今广西南宁）军民英勇顽强抗击，最终慷慨赴义。苏缄举家殉国取义的壮烈之举也深深影响着苏颂。

优良的家庭环境、严格的家庭教育对苏颂的成才起着至关重要的作用，使他格外重视家教。他留给后人《魏公谭训》及《感事述怀诗》，即人们常说的“家训诗”，对芦山堂原有家规家训进行了升华。苏颂强调道德先于文华，要求子孙对待钱财、土地淡泊寡欲、诚信不欺，要求子孙处世必公、为官必廉。他自己更是以身作则，苏颂的儿子苏嘉因为是“宰相子弟”本可“例除馆职”（按例授予馆职），同时为相的吕大防提议照办，苏颂却批评说：“馆阁乃朝廷育才之地，岂可令子弟以例得之。”厦门同安芦山苏氏家族多代相传、人才辈出，清白传家是成功的基因。

林一柱纪念馆

地　　址：厦门市同安区新民镇溪林村走马人里

开放时间：上午8:30—12:00，下午15:00—17:30

联系电话：0592-7020098

林一柱（1574—1625），字廷郢，家居同安溪林村，万历三十八年（1610年）中进士，官至巡按南京应天府监察御史。林一柱纪念馆以挖掘地方文化为宗旨，用连环画等方式，介绍林一柱的生平事迹，宣扬林一柱为官清正廉明、刚正不阿的品质。纪念馆展出了不少与林一柱有关的实物，展馆前配套修建林一柱廉政教育公园，树林一柱铜像，建一柱亭，立警言警句石雕，成为集廉政教育和休闲娱乐于一体的廉政教育基地。

【经典展示】

蔡献臣所赠诗词

根据《同安县志》记载，林一柱在扬州为官期间，经常平反冤假错案，不滥用刑罚，获得清廉正直的好名声，百姓称颂他“清风飒然”。到了明熹宗天启二年（1622年），林一柱任巡按南京应天府监察御史，任上忠贞刚直，上疏不辍，同样以清廉著称的蔡献臣以诗相赠。

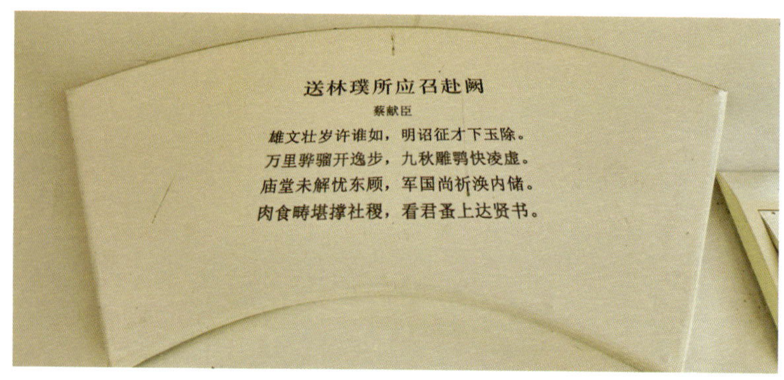

林一柱警言墙

林一柱所在的林氏家族，在明代为同安大族。林一柱的高祖林启，其廉洁的事迹言论载于《同安县志》。林启任南京国子监监丞时，前任南京国子监祭酒刘震接受监生馈赠攒了个小金库，弘治十五年(1502年)，林启知道后，取消小金库，把钱还给监生。林启中年早逝，因平日清廉，家里穷得没钱为他办丧事，得应天巡抚林俊帮忙，才把丧事办了。

林一柱任巡按南京应天府监察御史时，由于直言敢谏，一度遭受宦官排挤，遂上奏告老还乡。在乡期间，林一柱以孝顺父母、友爱兄弟著称乡里，留下千古传诵的祖训。其座右铭“慎诏狱，恤民穷，容言官”，对当今为官者仍有借鉴意义。

翔安区

扫码看 VR 展厅

马塘精神主题馆

地　　址：厦门市翔安区马塘村

开放时间：上午8:30—11:00，下午15:00—17:00（逢周末闭馆）

联系电话：0592-7072068

改革开放之前，马塘村交通闭塞、土地贫瘠，路难行、水奇缺，人称“瘦马塘”。现如今，马塘村完成从“瘦弱”到“强壮”的蜕变，这里别墅林立、环境整洁、满眼绿色，是远近闻名的“厦门第一村”“全国文明村”。

除了有美丽的风景，马塘村还有根植在村民心中的马塘精神。马塘村党委坚持“共同富裕”的发展理念，弘扬“艰苦奋斗”的创业精神和“拼搏创新”的时代精神，深化“村企共建”发展模式，引领村企科学发展共奔致富路。

马塘精神主题馆入口处的左面墙上有“艰苦奋斗、拼搏创新”八个大字，是习近平总书记对“马塘精神”做出的高度概括。展馆由“一个山村的‘中国梦’”“一位领袖的人民情怀”“一种精神的时代绽放”三个展厅组成，再现习近平同志当年四进马塘的难忘历程，展示马塘人穷则思变、砥砺奋进的精神风貌。

【经典展示】

马塘印记

1985年6月，马塘村的几位年轻人创办新圩兴华罐头厂，逐步发展为知名企业银鹭集团。在银鹭集团的带动下，马塘村形成以食品制造业为支柱，运输业、建筑业、包装业、服务业等多元化蓬勃发展的产业格局，实现农村一二三产业深度融合发展。

在“艰苦奋斗、拼搏创新”精神的指引下，马塘人始终牢记嘱托，走出一条“以工带农、以村辅企、依企兴村、村企融合”的富民强村之路。

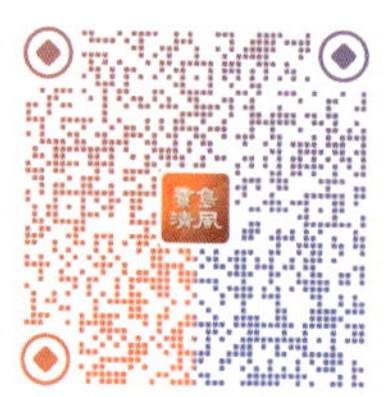

扫码看 VR 展厅

翔安五美家风教育馆

地　　址：厦门市翔安区舫阳西二路7号1楼
开放时间：8:00—17:30
联系电话：0592-7886188

古厝里蕴精巧，红砖处见匠心；尺素中传家训，行游间沐家风。

翔安五美家风教育馆坐落于马巷街道五美社区，是厦门首个落户在社区居民家门口的家风馆，是中华优秀家规家训家风的传承基地，也是党员领导干部的廉洁教育平台和家风建设学习园地。

翔安五美家风教育馆于2017年6月开馆，内容从中华五千年的家训精髓，到翔安本土最接地气的家风文化，通过展示、互动、交流等多种交互方式，呈现极具特色的社区家风教育场所。

展馆分为“中华之训”“翔安之风”“典范之家”三个展厅。

第一展厅“中华之训”主要展示中华传统美德和传世经典家训。展厅以文图说明，结合书籍展柜、“八德”主题雕塑造景

等方式，展示自强不息、敬业乐群、扶危济困、见义勇为等中华传统美德故事。

第二展厅“翔安之风”主要展示翔安本土的乡贤名人家规和宗氏族亲家风。古代有金柄村的厦门“监察干部”第一人黄文雁，威严勇武的江南提督林君升，忠毅殉国的闽浙水陆提督李长庚；近代有热心公益事业的厦门名绅黄廷元，高风亮节的爱国儒商领袖洪晓春；现代有一生奉献于科学高峰的中国科学院资深院士蔡启瑞，忠诚为民、敬业奉献的亮灯警察陈清洲等等。

第三展厅“典范之家”主要展示翔安好人和最美家庭的感人事迹。在优秀传统文化的浸润下，翔安好人、好家庭如花绽放，有官兵们的“好嫂嫂”、中国好人榜“助人为乐”好人林牵

治，有致富不忘回报桑梓、全国首届“最美敬老志愿者”林良菽，有言传身教、孝义持家的全国“五好文明家庭标兵”许志言、郭玉川家庭等数十个翔安好家庭。

【经典展示】

洪晓春家训

洪晓春（1865—1953），名鸿儒，号悔庵，今翔安区马巷街道窗东社区人，曾任厦门商务总会总理、会长，对厦门工商、市政、教育、慈善事业等均有重大贡献。

抗日战争期间，洪晓春参加厦门各界抗敌后援会，被推选为劝募部部长，率先捐献，带领厦门市商界人士筹款支援抗日救国。1936年12月，洪晓春七十二岁生日前夕，厦门市商会、厦门市教育会、益同人公会等四十多个社团拟联合为他举办祝寿活动。洪晓春得知情况，立即对新闻界发表谈话：“国难严重，前敌将士餐风宿露，自惟衰老，不能执干戈以卫国家，已

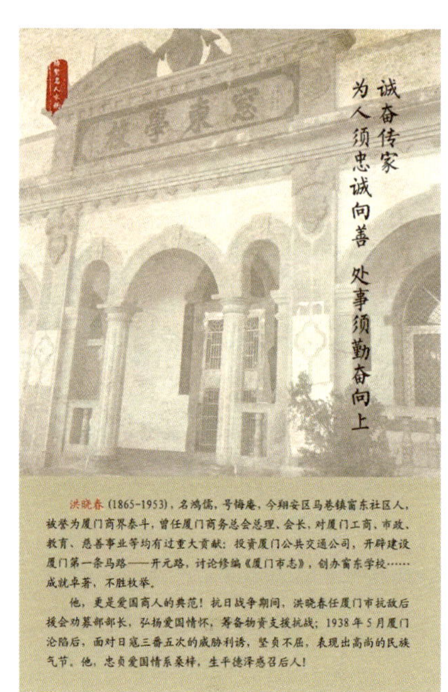

属遗憾，何敢重累各界耗资，以自逸乐。”他的谈话见报后，各界人士很受感动，改变原先盛宴祝寿的做法，将相关资金用于支援前线。

1938年，侵华日军的铁蹄踏上厦门，百姓纷纷外逃，社会秩序大乱，百业凋零。日寇为稳固其统治，想利用洪晓春在厦门的威信和社会地位，请他出任伪厦门市维持会会长。日本领事泽重信多次亲自出马，使尽利诱威胁手段，均被严正拒绝。太平洋战争爆发后，洪晓春于新加坡被日寇追踪缉捕，被关进集中营多年。在狱中，日寇胁迫其悔过，让他出任厦门市市长，洪晓春怒斥敌人："八十老翁，无过可悔！"

1953年，洪晓春病逝，享年八十八岁。厦门市政府在中山公园建设"晓春楼"纪念洪晓春。

李长庚家训

李长庚（1750—1808），今翔安区马巷街道后滨社区人。从小聪敏好学，二十一岁考取武进士，曾任福建水师提督、浙江提督，统领闽浙水师。嘉庆十三年（1808年），在追捕海盗蔡牵时，中炮殉国。嘉庆帝加恩追封三等壮烈伯，钦赐祭葬，赐谥"忠毅"。

李长庚为剿灭盗贼保卫海疆，两年在军过门不入。他捐造船械倾其家资，所俘获尽以赏功，士争效死。他赤心报国，誓与贼同死不与贼同生。他以诗言志，教育后代淡泊名利、耕读传家。

李长庚的养子李廷钰（1791—1861）承袭李长庚的爵位，也传承养父的忠勇。道光四年（1824年），授江西南昌城守营副将，后历任署九江、南赣、广东等镇总兵，浙江提督。任内造船练兵，积极加强抗英海防建设，为朝廷所重用。

廉镜园

地　　址：翔安区新霞南路与镇口路交叉口西100米

开放时间：全天开放

廉镜园位于翔安区新圩镇滨溪公园北侧，本地化、百姓化、乡土化，是廉镜园区别于其他类似主题文化公园的最大亮点。

从东侧入口进入，能看到厦门史上的“监察干部第一人”——唐朝御史黄文雁的雕像。公园内的数座名人雕像，配有文字介绍，讲述了黄晟、林希元、洪朝选等人为官清廉、两袖清风的故事。

廉镜园由廉史通道、廉镜广场、尚廉台、家风家训长廊四大部分组成，将本地十四大姓家规家训、廉洁俗语、民俗文化、农民画融入园内景物内，充分体现本地化、百姓化、乡土化的特点。园内随处可见原创的廉洁主题雕塑、书法、绘画、建筑、俗语等。

【经典展示】

黄晟弃荫嗣塑像

黄晟（859—909），厦门翔安金柄人，任明州刺史十八年，被称为宁波（原名明州，简称“甬”）城市之父。后梁开平三年（909年），整日忙于建造明州罗城的黄晟终因积劳成疾，病逝在呕心沥血的建设过程中。

唐末五代，藩镇势力强大，各地方政权与兵权掌握者大都推行职位世袭制，按照惯例，以黄家当时的威望，应该由黄晟的儿子继袭明州刺史一职，掌军政大权。难能可贵的是，廉洁一生的黄晟谢绝众幕僚的苦劝，不仅在临终前上疏朝廷，坚决放弃荫嗣特权，不让他的三个儿子沾光袭官，而且吩咐下人，将家中的所

有财产一一装箱封存，悉数上交朝廷。黄晟过世后，朝廷加封他为左仆射、上柱国、金紫光禄大夫兼太子太傅，封其三子为官，但其三子坚持不违背黄晟的遗嘱，经朝廷三次下发诏书，最后还是婉拒。黄晟营造的风清气正的官场清流，让明州迎来王安石、曾巩、周邦彦等一大批崇廉尚实、勤政为民的名臣。这些人的治理使明州得以快速发展，迅速跻身东方大港行列。

黄文雁塑像

黄文雁，又名文彦，新圩镇金柄村人，唐朝至德二年（757年）进士，曾任监察御史，是厦门有史以来担任“监察干部”的第一人。黄文雁一生清正廉明，谥号“忠义”，其父黄肇纶追封监察御史，母智氏追封诰命一品夫人。黄肇纶夫妇墓位于金柄村纶山上，已被列为厦门市第二批涉台文物保护单位。

仿古铜镜：莲镜

莲镜总高超过三米，造型仿唐代艺术风格，外轮廓、镜纽、镜饰均采用莲花图案，寓意“内外皆莲（廉），处处为（莲）廉”。正反面采用篆体字镶刻唐太宗名言“以铜为镜，可以正衣冠；以史为镜，可以知兴替；以人为镜，可以明得失”。

扫码看 VR 展厅

彭德清纪念室（松山小学旧址）

地　　址：厦门市翔安区彭厝社区

开放时间：8:30—17:00（逢周一闭馆）

联系电话：0592—7302822

松山小学，建于民国七年（1918年），由新加坡华侨彭楷蒲创办。1918—1919年，彭友圃曾担任该校校长。1927年，中共党员、同安共青团书记许英宗在这里吸收彭德清加入中国共青团组织，把这所小学作为农民协会、农民赤卫队等组织的活动据点；1930年，松山小学成为厦门破狱斗争秘密联络点和转移点之一；抗日战争时期，这里设立抗敌后援会的基层组织；解放战争时期，中共地下党也在此开展革命活动。

2002年4月，小学旧址正式辟为“彭德清纪念室”，2018年，原有展室进行改造。

彭德清（1910—1999），福建省同安县（现翔安区金海街道彭厝社区）人。彭德清1927年加入共青团，1930年加入中国共产党，一生军功卓著。1955年，获海军少将军衔，曾荣获二级八一勋章、二级独立自由勋章和一级解放勋章。彭德清曾担任过中国人民志愿军第27军军长，海军东海舰队副司令员，交通部副部长、部长，中国航海学会理事长等职务。

纪念室目前在展陈列为“彭德清专题展览”，展览包括“赤身热血，投身革命”“戎马一生，征战四方”“战功赫赫，荣授少将”“建设祖国，再铸辉煌”四个单元，生动地讲述开国少将彭德清的光荣一生。

【经典展示】

中国人民志愿军缴获的美7师31团团旗

抗美援朝战争打出国威、军威。电影《长津湖》志愿军全歼美军王牌部队“北极熊团”一幕更是提气，让人难以忘怀。这场战役的指挥者就是厦门翔安人、时任27军军长的彭德清将军。在厦门翔安的彭德清纪念室里，就陈列着一面缴获的美军“北极熊团”团旗（复制版），原件收藏于中国人民革命军事博物馆。

在抗美援朝前线英勇作战的彭德清无暇顾及国内一家老小。等战争结束回国后，这位铁血军长竟不知妻子去了哪里。原来，在彭德清出国参战时，妻子连同孩子们被安置在华东野战军第九兵团后方留守处。可妻子吴璇不愿赋闲，便向组织申请转业，到中共华东局机关工作。彭德清四处打听，几经辗转，一家人才在上海团聚。彭德清非常爱家，事母极孝，与妻子吴璇互敬相爱、相濡以沫；只要在家，就陪着孩子们一起学习。

1958年，彭德清任炮击金门领导小组成员暨海军前线指挥员，一家人居住在设在厦门虎头山上的海军基地里。厦门地处前线，硝烟弥漫、气氛紧张，加上蒋介石疯狂叫嚣“反攻大陆”，人们内心多少有些不安。按照要求，整个海军基地的家属都要搬往上海、宁波等后方。当有人看到一列列火车载着军人家属开往后方，便误以为要放弃厦门，一时谣言四起，人们惶恐不安。但后来人们看到虎头山海军基地有老人和孩子进进出出后，大家的心情都安定、平稳下来了。原来是司令员兼政委彭德清的家属并不撤离，而是选择和家乡人民同生死、共患难。这位铁血战将及其家人以其无私无畏维护着党和军队的威信，抚慰着家乡人民的心。

和千千万万普通家庭一样，彭德清一家生活作风始终勤俭朴素。彭德清虽然很爱孩子，但从不搞特权，从不让子女搭乘他的专车。每逢周末，他要求全家人和警卫战士、公务人员一起开民主生活会，开展批评与自我批评。妻子曾想租一架钢琴让女儿们学，但他不同意，而是让孩子们空闲时和警卫班战士学种菜，一起劳动，希望他们成为自食其力的劳动者。他立下家训教育后人：“莫悔今生艰苦奋斗，严于律己自力更生，做一个对国家有用的人。”他的后人遵从教诲，一直在平凡岗位上默默奉献。

彭德清晚年写下述怀诗：“岁月易逝丹心在，理想信念将永存。”这既是他对崇高理想的执着追求，也是他坚定信念的忠实写照，更是这位身经百战、立下赫赫战功红色战将家国情怀的真实表达。1999年 6月，彭德清在北京逝世，享年九十岁。按照他的遗嘱，丧事一切从简，骨灰送回家乡，撒向厦门、金门海域。魂归故里，红色战将的英灵永远佑护着他所深爱的家园，这片美丽而充满希望的土地。

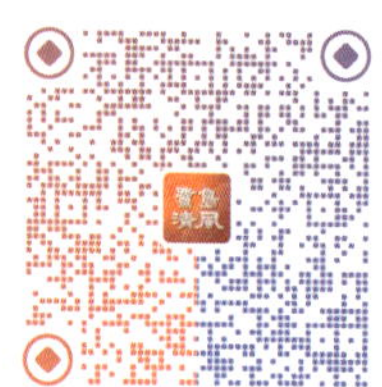

扫码看 VR 展厅

鲁藜纪念馆

地　　址：厦门市翔安区内厝镇许厝村大乡东部

开放时间：8:30—17:00（逢周末闭馆）

联系电话：13859940004

抗日战争时期，全体中华儿女浴血奋战，涌现出无数的爱国志士。抗战烽火之中，七月诗派崛起，跨越抗日战争与解放战争两个历史阶段，是这一时期坚持时间最长、影响广大的文学流派。爱国诗人鲁藜就是七月诗派的代表，他的诗作代代相传，他的故事为人津津乐道，他的精神为后世敬仰。

鲁藜（1914—1999），原名许图地。翔安区内厝镇许厝村人，是一名革命战士，也是一名爱国诗人。曾任晋察冀军区民运干事、战地记者。著有诗集《醒来的时候》《时间的歌》《天青集》《山》《鲁藜诗选》。

鲁藜纪念馆位于厦门市翔安区内厝镇许厝村鲁藜故居。纪念馆以图文、雕塑、实物展品、数字内容、声光电多媒体为载体，全面展示红色诗人鲁藜为祖国呐喊、为人民歌唱的光辉壮丽一生，全面弘扬朴实、无私、奉献、担当的“泥土精神”。这里是内厝镇“不忘初心、牢记使命”主题教育基地，也是开展爱国主义教育的重要基地。

说起鲁藜，人们总会想到他的代表作《泥土》，至今传诵不衰。诚如其诗作，鲁藜的一生清贫，真正如泥土般朴实地生活着。他拒坐公车，爱搭公交，甚至将政府返还给他二十六年的工资作为党费上交组织。

【经典展示】

鲁藜代表作《泥土》

鲁藜在诗歌《泥土》中写道：“老是把自己当作珍珠，就时时有怕被埋没的痛苦。把自己当作泥土吧，让众人把你踩成一条道路。”这种无私奉献的精神也被后人称作“泥土精神”。

鲁藜甘做泥土的精神也濡染着他家的优良家风。

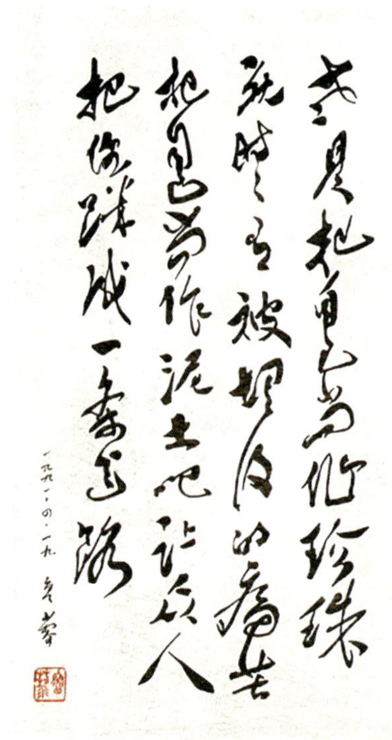

当得知女儿入党消息，鲁藜激动地说：“你跟我一样的年龄入党，要永远是先锋，为社会主义建设贡献力量！”女儿始终记得父亲对她的嘱托，时刻保持党员的先进性，苦活累活冲在前面，多次都被评为“优秀共产党员”。鲁藜给儿子取名“麦夏”。他说：“1946年，党在晋冀鲁豫边区搞土改，广大农民获得了自己的土地，革命热情高涨，第二年夏天小麦获得大丰收，有了粮食支援前线，部队才能打好仗，所以你出生后取名‘麦夏’。”又说：“你是跟随革命部队行军，吃着老百姓的奶活下来的。你千万不能忘记解放区的乡亲们呀！”

1967年，麦夏从南开大学毕业以后，毅然选择携笔从戎。鲁藜告诫儿子：“党和人民心心相印，共命运，共生死，共甘苦，这种真诚的统一团结才成为我党我军百战必胜、无坚不摧的一个法宝。”

参考书籍

- 中共厦门市委党史研究室编:《厦门革命遗址上的故事》,中共党史出版社2014年。
- 厦门市文化广电新闻出版局编著:《厦门市红色文化资源图录》,鹭江出版社2018年。
- 厦门市纪委监委编:《鹭岛清风——厦门历史名人勤廉故事读本》,中国方正出版社2019年。
- 厦门市纪委监委编:《鹭江清流——厦门孝廉故事》,中国方正出版社2021年。
- 中共厦门市委党史和地方志研究室编:《图说厦门党史(新民主主义革命时期)》,厦门大学出版社2021年。

后记

编撰《厦门廉洁文化图录》一书，是厦门市深入贯彻党的二十大关于“加强新时代廉洁文化建设”指示精神的重要举措。本书的出版结合厦门市纪委监委打造“云游清廉鹭岛”廉洁文化品牌，统筹全市廉洁文化资源，教育引导广大党员干部厚植廉洁土壤，夯实清廉根基。

厦门历史上始终不乏克己奉公、清廉为民的人物典范，革命时期更是涌现出一批甘于奉献、矢志不渝的红色楷模。《厦门廉洁文化图录》共收录介绍了三十个廉洁文化教育点，其内容囊括全面从严治党、红色文化、古代官德、家风家训等多个主题，力图多维度呈现廉洁教育模本，全面展示厦门城市发展中的清廉文化脉络。收集整理这些资料时，先贤俭以养德、厚德养廉的事迹，令人敬佩动容，廉洁文化不再被束之高阁，而融入有血有肉的人生。我们为这座城市拥有丰富的廉洁文化根脉感到骄傲，更期待优良文化土壤孕育出清朗未来。

本书编写过程中查阅了大量相关史料、书籍，在此谨向所有作者致以由衷的感谢。考察、拍摄工作得到相关单位的通力协助，厦门市委党史和地方志研究室、厦门市委讲师团对核实地方党史有关史实内容、书稿的润色等提供了重要帮助。本书的出版，离不开各级领导、有关人士的关心和支持。

本书篇幅有限，书中所述难免挂一漏万，不足之处，敬请读者批评指正。欢迎读者朋友们前往书中介绍的各廉洁教育点游览参观。